5人の女神があなたを救う！

ゼロから会社をつくる方法〔第3版〕

公認会計士
平林亮子

税理士
木村三恵

司法書士
藤田真弓

社会保険労務士
石井清香

弁護士
六波羅久代

税務経理協会

変わるものと変わらないもの～三訂版のはしがきに代えて～

本書の初版が発行されたのは二〇〇八年のこと。本書の著者五名で「SophiaNet」という情報発信プロジェクトを開始して、一年が過ぎた頃でした。

SophiaNetは、専門知識を持った有資格者だからこそ発信できる、本当に役に立つものごとのとらえ方や知識を発信していこうというプロジェクトです。

たとえば、弁護士や司法書士は「憲法はなぜこのような規定になっているか」「法律とはそもそもどのような思想に基づいているのか」を良く知っています。それを知っていれば、細かい条文を知らなくても、大きな法律違反は生じませんし、詐欺的な行為に騙されることも少なくなります。

たとえば、税理士は「税金とは何か」「どうしてそういう計算方法になっているのか」を良く知っています。それを知っていれば、無理な節税により経営を圧迫することもなくなりますし、ちょっとした工夫で何の問題もなく節税することもできるようになります。

景気が良くなれば「投資本」が、景気が悪くなれば「節約本」が氾濫するように、世の中でもてはやされる情報は移ろいやすく、「こうすれば得する」「あなたはこんなに損をしている」という短期的な損得の視点にとらわれたものが多いことを、私は危惧しておりました。

時代が変わっても変わることのない本質的な情報を届けたい。私がSophiaNetをプロデュースしたのは、そんな情報を各専門家同士で共有しながら、社会に向けて発信できたら素晴らしいのではないかと願ったからです。

本書にもそんな思いが込められています。当初、原稿を作る際に私が他の四名にお願いしたのは「何年たっても、大きな修正をしなくていい内容を詰め込んで欲しい」ということでした。専門家だけが知っているような最新の情報は、瞬間的にはとても価値が高く、それはそれで有益です。でも、インターネットや検索エンジンがこれだけ発達した時代にそんな情報はすぐに陳腐化します。それよりも、その情報の背景にある考え方や上手に情報を探し出す方法の方が絶対に役に立つと信じたからです。

そして今回、三訂版を出版するにあたり、本書がまさにそのような内容の本であることを確信いたしました。初版発行から五年経過した今でも、大きく構成を変える必要はなく、法律が変わった部分について具体的な数値を変えたり、新しく生まれた考え方を追加したりするだけで、十分に「現在」に対処しうる本に生まれ変わったからです。

世の中はもちろん五年前とは大きく変わり、法律もずいぶん変わりました。でも、その裏に変わらない本質があることも事実です。変わらないものを理解することで変わりゆくものに柔軟に対応できる力を得ることができるはず。本書がその一助になりますように。

二〇一三年　五月　公認会計士　平林亮子

「自分でビジネスする」というライフスタイルを選んで

「どうして起業（独立）したのですか？」

これは独立した私に最も多く浴びせられる質問のひとつです。私の答えはといえば……

毎日通勤するのが嫌だったから。

「ええ？　そんなネガティブでわがままな理由で起業していいの？」という声が聞こえてきそうですが意外と多いのですよ。不満を理由にして起業する人。

「自分でビジネスする」というのはライフスタイルのひとつなのだと考えています。仕事（お金を稼ぐ）という人生の一要素だけに関係するものではなくて、「こんな毎日を過ごしたいな」とか「こういう毎日は嫌!!」という日常や人生のイメージがあって、それを実現するための手段として起業がある。思う存分仕事をしたいから起業する人もいれば、家族と過ごす時間を自由に確保したいから起業する人もいる。そして、「ビジネスする」ことがライフスタイルそのものになっていく。そんな感じがしています。

ちなみに、仕事も家庭も友人と過ごす時間もすべてが混在しているのが現在の私のライフスタイル。いわゆるオンとオフという切り替えがなく、その時々、好きな場所で好きなことをする毎日をとても気に入っています。（もちろん「すべきことはする」という大前提はありますよ！）。

だから、自分がどれくらい「仕事」をしているのかよくわかりません。どれが仕事でどれがプライベートかなんてはっきりしないですし、気にする必要もないのです。

ところで、今回、本書を一緒に作り上げてくれた四名も、「自分でビジネスする」というライフスタイルを選んだ人たち。プロの腕できちんと稼ぎつつ、それぞれのライフスタイルをしっかり楽しんでいるから、堅いイメージの有資格者なのにみんな肩の力が抜けていてとてもしなやか。

そしてそんな「自分でビジネスをする者の視点」と「経営を支援するプロの視点」を持つ五人が「会社をつくり、経営する上で本当に知っておくべき大切なものは何だろう?」というエッセンスを凝縮したのが本書です。類書に記載されているような記述が省略されているかと思えば、一見すると「そこまで必要なの?」ということにまで触れていたりしますが、①説明しなくても容易に知ることのできる情報はあえて省くかURLの紹介にとどめ、②意外と誰も教えてくれないけれど知っていればリスクの回避やリターンにつながるという〈ツボ〉を盛り込んだ結果です。

本書を、「自分でビジネスする」というライフスタイルを選ぶためのきっかけとして、素敵な人生を歩きだすきっかけとして利用していただけたら幸いです。

二〇〇八年　十月　公認会計士　平林亮子

※本書の情報は執筆時点での最新のものを利用しておりますが、その正確性をすべて保証するものではありません。それぞれの状況に合わせ、専門家等にご相談くださいね。

5人の女神があなたを救う！　ゼロから会社をつくる方法 CONTENTS

第1章

勇気がない！

あなたの会社のイメージは？

あなたなりのスタイルを見つけましょう！

株式会社をつくる

株式会社とは限らない、ベストな選択肢

「会社以外」という選択肢

あなたの会社のイメージは？

平林亮子
公認会計士

(1)「勇気」よりもイメージを！

「さあ、会社をつくって事業を始めるぞ！」と考えたみなさんが、最初に考えなければならないことがあります。

それは「どんな『会社』にするか」ということ。

「どんな会社」といっても、資本金はいくらにするかとか経営理念は何かといったコムズカシイことではありません。

もちろん、それらもとても重要なのですが、いざ会社ができあがったら、そこに待ち受けているのは経営理念を忘れてしまうほどの「日常」です。

そのため、その日常をできるだけ具体的にイメージしておく必要があるのです。

例えば、オフィスはどこにあって、どんな家具が置かれていて、どれくらいの人がそこで働いているでしょうか。

会社の休日はいつですか？

オフィスでは電話は鳴り響いていますか？

パソコンに向かって作業している時間が多いのでしょうか。それとも、常にディスカッションをしているのでしょうか。

いかがでしょう？　一週間のオフィスの様子を想像できますか？

会社を作るのは、とても簡単です。何枚かの書類を提出するだけですし、作業を手伝ってくれる専門家がいます。たいした「勇気」も「やる気」も必要ありません。

しかし、設立後の日常業務をワクワクするような楽しいものにするためには、そのイメージを具体的に描いてみることが大切なのです。

(2) 事業の出口戦略

日常の具体的なイメージが描けたならば、今度は、会社の最後についても考えてみましょう。

「始めてもいないのに、会社の最後のこと？」と疑問に思われる方もいるかもしれません。しかしこれは非常に重要なことなのです。

個人事業であっても、会社であっても、人を雇っても雇わなくても、大儲けしてもたいして儲けなくても一度事業を始めたら、社会との関係が必ず生まれます。つまり、事業を始める以上、事業を終わらせる時まで責任を持って続けなければなりません。「やっぱりやーめた」と突然辞められるものではないのです。

事業を終わらせるには、①廃業（会社の場合には解散）、②後継者に承継、③M&A、④上場といった方法が代表的なものとして挙げられます。①の場合には、関係者に連絡をし、債権債務を整理し、法的な手続を踏んで、晴れて引退ということになります。②の場合には、後継者を育成し、引き継ぎ、晴れて引退ということになります。③の場合には、売れるだけの事業に育て、適切な値段をつけ、売買し、晴れて引退ということになります。株式会社の場合、④の上場という方法もあります。しかし、上場の場合、それを持って引退というのは認められないことがほとんどです。上場後も、社長として経営を続ける必要があるので、その後の引退計画を立てておかなくてはなりません。

もちろん、事業を始める前ですから、具体的でなくても構いませんし、実際に事業を始めてから軌道修正をすることになるかもしれません。しかし人間には、何かしらの形で必ず引退時期が訪れます。そのため、事業の規模に関係なく、そのときのことまで考えておくことが、社長の最低限の責任といえるでしょう。

(3) 事業のイメージを描く方法

そうはいっても、なかなか具体的なイメージを描けないかもしれません。そのために、①本書を含む経営に関する書籍を読むときに「自分の事業だったらどうなるだろう。自分の会社に置き換えたらどうなるだろう。」と想像してみてください。そうすれば情報をリアルに受け取ることができるようになるはずです。情報をリアルに受け取ることができれば、みなさんの事業イメージを固めることにもつながりますしひいては、事業そのものにも、良い影響を与えることにつながるはずです。

それから②街をよく観察してください。街中には会社がたくさんあります。いったいどんな街にどんな会社があるのか、会社名やオフィスの広さなど、観察するだけでわかることもたくさんあります。

そういった情報から、みなさんの事業のイメージを少しずつ膨らませていくことができるはずです。

想像力を働かせ情報に対するアンテナをはりめぐらせワクワクするような「あなたの会社」をイメージしましょう!!

あなたなりのスタイルを見つけましょう！

藤田真弓
司法書士

(1) 会社の形態

具体的なイメージができたら、それに合わせて会社の形態を選んでいきましょう。

「会社」というと株式会社をイメージしている人が多いと思います。街中の看板や、電話帳でもよくみかけますし、大企業はたいてい株式会社ですから。でも会社は株式会社のほかに三種類あり、「会社」以外の形態の法人まで含めると、選択肢は沢山あります。

(2) 会社というもの

■自分とは別の存在

会社とは法人の一形態です。では法人ってなんでしょうか。例えば、会社の事務所を借りるときや事業のために借金をするときは会社名義で契約します。これは当たり前のことのようですが、人

【起業スタイルの選択肢（平成20年12月以降）】

- 法人
  - 営利法人『会社』
    - 物的会社 ── 株式会社（株主─有限責任）
    - 人的会社（持分会社）
      - 合名会社（無限責任社員）
      - 合資会社（有限責任＆無限責任社員）
      - 合同会社(LLC)（有限責任社員）
  - 営利も公益も ── 医療法人、学校法人、社会福祉法人、事業協同組合など
  - 営利非営利不問 ── 一般社団法人、一般財団法人
  - 非営利法人
    - 公益社団法人、公益財団法人
    - 特定非営利活動法人(NPO)
- 非法人 ── 民法上の組合、匿名組合、LLP、個人事業

＊法人の分け方には色々ありますが、この表は法人が営利目的か否かという点に注目して分けています。

の集合体である法人が契約することができるのは、人のほか法人も権利を得たり義務を負ったりする主体になれますよ、と民法で規定してあるおかげなのです。

法人を設立することにより契約の名義、お財布の管理について自分とは別の存在をつくれるのです。そして法人には、公益社団法人などの非営利法人と、会社を典型例とする営利法人があります。さらに会社には四つの種類があります。

■社員という言葉に注意

会社の具体的な説明の前に、普通とは違う使われ方をしている言葉をひとつ取り上げておきます。このあとの説明でもそれを前提としますので、覚えておいてください。

その言葉とは「社員」です。会社につい

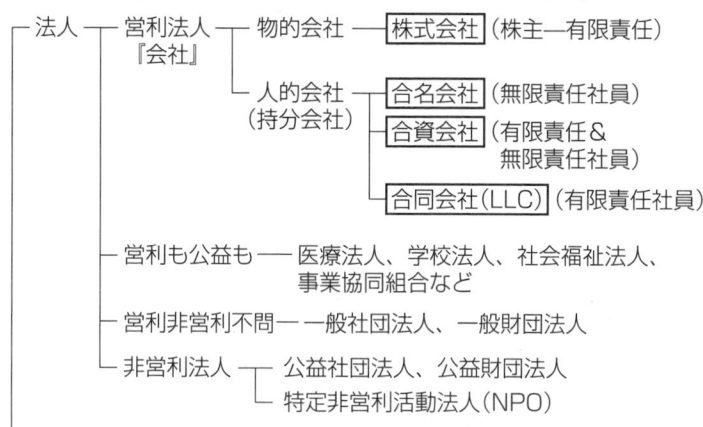

て規定している会社法では、社員という言葉がよく出てきますが、これはサラリーマンや会社員という意味ではなく、「会社に出資した人」という意味で使われています。

会社は、誰かがお金や財産などを出資して、それを経営者が利用することで経営されます。その会社の経営資金を出資した人を社員といいます。株式会社であれば株主のことを社員といいます。

ですから、自分のお金を使って株式会社を設立し、自ら社長となって経営する場合には、株主でもあり経営者でもあるという、二つの地位を同時に持つことになるわけです。

本書では、原則として出資した人のことを社員、一般的に社員と言われている人を従業員、労働者もしくは正社員、契約社員などと表現します。

■有限責任社員は無責任な社員!?

社員は責任の違いにより二種類に分けられます。

一つは有限責任社員。これは出資した限度で責任を負う社員です。もう一つは無限責任社員。これは会社の債務（借金など）について連帯して責任を負う社員です。

【有限責任社員と無限責任社員】

有限責任社員	出資の限度で責任を負います 「モノ（お金）」中心の会社の社員
無限責任社員	何かあった場合、会社の債務について、債権者に対し直接個人（社員）が連帯して責任を負います 「人（人的資産）」中心の会社の社員

つまり有限責任社員の場合は、会社が倒産した時に出資分をとりかえすのをあきらめればよく、個人財産で弁済する必要がありませんが、無限責任社員の場合は個人財産も投げ出して弁済する必要があります。

ちなみに、株式会社は有限責任社員のみから構成される会社です。出資の限度で責任を負えばいい会社の典型例です。例えば、上場している株式会社の株を三〇万で買ったとします。不幸にも数十億の借金を抱えて会社が倒産した場合であっても、株主は購入代金三〇万をあきらめればよく、会社の借金を返済するために個人の財産を持ち出す必要はありません。

これは、個人の財産と会社の財産は明確に区別されているということです。ただ、そうはいっても「なるほど、個人財産と会社財産は別なのか、よ～しじゃあお金を借りてちょっとリスクのある事業をしてみよう」というわけにはいかず、残念ながらそこには落とし穴があります。中小会社の場合には、銀行などから借金をする際に、社長の個人保証を求められる場合が多く実質上は無限責任を負っていることが多いのです。

株式会社をつくる

藤田真弓
司法書士

（1） 株式会社ってどんな会社？

さあ、それでは四種類ある会社の中でも一番馴染みのある株式会社について詳しく見ていきましょう。

株式会社の一番の特徴は、会社の「所有」と「経営」が分離していることです。つまり、会社に出資した株主（＝所有者）が必ず事業を経営しているわけでも、事業を経営している人が必ず会社に出資しているわけでもないということです。また、出資した人（株主）は、その限度で責任を負えばよい有限責任で、会社が倒産しても個人財産での支払いを求められることはありません。

さて、一般的にはこのような特徴を挙げることができますが、創業当時は、「株主＝経営者」となり所有者も経営者も一緒という形態が多く、また株主は有限責任とはいうものの、銀行等で融資を受ける際は前述のとおり社長の個人保証も求められることが多いため、事実上は無限責任になっている場合が多いようです。

ただ、会社の規模が拡大し、信用力が増せば、社長の個人保証が不要になったり、会社に出資したいという人が現れたりするかもしれません。また、株式会社ならば、上場会社になり市場から資金を調達するという夢もあります！

（2）　株式会社をつくるには何が必要なの？

株式会社を設立するために、最低限必要なものは、以下のとおりです。

■一人でもOK――出資する人

会社設立の出資者は設立手続中は「発起人」と呼ばれます。設立後は「株主」になります。人数は一人でも大丈夫です。

■「出資者」兼「取締役」でもOK――役員

株式会社の役員としては、取締役、監査役、代表取締役などがありますが、最低限取締役一名がいれば設立することができます。取締役一名の場合、自動的にその人が「代表取締役」となります。「代表取締役」のうちの一名は、日本に住所があることが必要です。日本に住所があれば、外国籍の人でもOKです。ただし外国籍の人の場合、会社設立後にビザの変更が必要になる可能性があります。そのためビザの要件を満たすよう、設立時に注意が必要です。

なお出資する人も役員も最低限一名いればよく、それが同一人物でもいいので、自分一人だけでも会社を設立できます。会社法施行前は取締役三名、監査役一名の合計四名が最低でも必要でしたので、ずいぶんハードルが低くなりました。

■目安として三〇〇万——資本金

原則最低一、〇〇〇万円必要、という制限は会社法施行によってなくなりましたので、いくらでも構いません。では、いくらにしたらいいでしょうか？　お手持ちの資金との相談になりますが、資本金が三〇〇万円未満の場合は株主へ配当することができないので、三〇〇万円というのが一つの目安になるでしょう。詳しくは46ページをご参照ください。

■プライバシーに注意——会社の住所

会社を設立する場合、会社の本店となる住所が必要です。もちろん、代表取締役の自宅などでも問題はありませんが、プライバシーの問題と、住所の持つブランドイメージの両面から考えておくとよいでしょう。詳しくは45ページをご参照ください。

■丸が二つに四角が一つ——会社の印鑑

会社の実印を法務局へ登録する必要があります。大きさの制限（一×一センチ以上三×三センチ以内）があるだけで、文字や形の制限はありません。会社名が外周に入った丸い印鑑を実印として使う場合が多いですね。ハンコ屋さんに会社を設立するので印鑑を作りたいと頼むと、丸い印鑑が二つ、四角の印鑑が一つのセットを勧められます。丸い印鑑を実印・銀行印、四角い印鑑は会社の認印として使うのが一般的のようです。

■いわゆるルールブック――定款

会社のルールブックです。一定事項を記載する必要があります。

■定款の認証のために――発起人の印鑑証明書

定款を認証するために発起人の印鑑証明書が必要です。また、登記の際には取締役（取締役会を置いている会社の場合は代表取締役）の印鑑証明書が必要です。

■電子定款は果たしてトクか？――実費

定款認証に印紙代四万円、公証人手数料約五万円、法務局に会社を登記するのに登録免許税が最低十五万円かかります。司法書士に依頼した場合は別途手数料がかかります。定款を「電子定款」つまりデータで作成した場合は、印紙代四万円がかかりません（「紙」ではないから印紙税がかからないそうです……）。

かなりお得なので、この「電子定款」をぜひ、とお勧めしたいところですが、いざやろうとすると、個人の電子署名を取得し、それを読み取るカードリーダーや、電子署名をするためのソフト、文書をＰＤＦにするためのソフトを購入し、法務省の登記・供託オンライン申請システムを通じて公証役場に申請する必要があります。この登記・供託オンライン申請システムを利用するには、申請用総合ソフトをダウンロードする必要があるため、かなり気合が必要です。

ソフトの費用などもかかりますので、無理に自力で手続するより電子定款の作成に対応していて、登記をオンライン申請している司法書士に頼んでしまうという選択肢もありますよ。

(3) こんなふうにすすめます。設立手続

■設立手続の流れ

1 定款・会社実印の作成

↓

2 定款の認証（公証役場）

↓

3 資本金の出資を履行

↓

4 会社設立登記を申請（法務局）

↓

5 法務局の処理終了後、登記簿謄本・印鑑証明書の取得が可能に

■定款の作成と認証

まずは、会社のルールブックである「定款」を作成し、公証役場というところで公証人の認証を

受けます。最寄の公証役場の場所はこちらで調べられます。

日本公証人連合会　http://www.koshonin.gr.jp/index2.html

■資本金の出資

資本金の出資ですが、会社設立前は会社名義の口座が作れませんので、出資をする「発起人」の代表者個人の口座に、各自振り込みをします。以前は「払込金保管証明書」を銀行に発行してもらう必要があり、三～五万円ほどの費用がかかるうえ、証明書を発行してもらうにも数日必要でしたが、今は通帳のコピーでも大丈夫になったので、スピーディに設立手続ができるようになりました。

物理的には二日もあれば、1～4までの手続をすることができますが、司法書士に依頼する場合でも余裕をもって二週間～一ヶ月ほどの期間をみたほうがいいでしょう。

■設立登記申請

定款や、本店の所在地を決定した書面などが揃ったら、会社の設立登記を、本店を管轄する法務局へ申請します。申請した日が会社の創立日となります。法務局が開いている日しか受け付けられませんので、例えば一月一日やこどもの日を創立日にすることはできません。

登記の申請は、申請書を法務局へ直接持って行って提出する方法と、法務省のオンライン登記申請システムを使ってネット経由で申請する方法があります。どこの法務局へ提出すればいいかはこちらで調べられます。

「法務局ホームページ」＞「管轄のご案内」
http://houmukyoku.moj.go.jp/homu/static/kankatsu_index.html

今、会社の登記を扱う法務局を集中させる動きがあり、将来的には原則としていわゆる本局（その地方で一番大きな法務局）のみが会社の登記を扱うようになります。数年ぶりに登記を申請する時などは管轄が変わっていることもあり得ますので、念のために確認してください。

会社設立登記を申請してからは、法務局の混み具合にもよりますが、十日〜二週間ほどで法務局の処理が終了し、会社の登記簿謄本（登記事項証明書）が取得できるようになります。法務局同士が繋がっているので、申請をした法務局以外でも、例えば、北海道の会社の登記簿謄本を東京で取得することもできます。登記・供託オンライン申請システムのメニューにあるかんたん証明書請求を使えば会社にいながら登記簿謄本を申請することもできます。その場合、通常一通六〇〇円のところが五〇〇円に割引になるうえ、申請した登記簿謄本は法務局から送料無料で郵送されてくるのでかなり便利です。

かんたん証明書請求で登記簿謄本を申請し、法務局の窓口に取りに行く場合は四八〇円と最安になります。法務局での待ち時間もないので、お勧めです。

かんたん証明書請求は、その名のとおり初めて使う方でも簡単にご利用頂けるので、ぜひご活用ください。

会社名義での銀行口座開設などは、登記簿謄本ができてからになります。申請してから謄本が取得できるようになるまで日数がかかりますので、その点ご注意ください。

Column

会社の謄本をくださいと言われたらどれを取ればいいの？

会社の登記事項の内容を記載した証明書を、登記簿謄本といいます。登記簿がコンピュータ化してからは登記事項証明書といいますが、同じ内容のものです。登記簿謄本（登記事項証明書）には記載されている内容により色々な種類がありますが、通常は全部事項証明書のうちの履歴事項証明書という商号や役員変更の履歴全てが記載されているものを取得すれば大丈夫です。

千代田区から港区へ本店を移転した会社が、千代田区のときの登記簿謄本を取得したいときは、港区へ本店移転した後にその会社の千代田区での登記簿は閉鎖されているので、全部事項証明書のうちの閉鎖事項証明書を取ってください。ちなみに、閉鎖された登記簿の保存期間は閉鎖日から20年間なので、20年以上たつと取れなくなってしまいます。本店移転したときなど登記簿が閉鎖されたときは、1通会社保管用として取っておくといいでしょう。

（藤田）

株式会社とは限らない、ベストな選択肢

藤田真弓
司法書士

(1) 起業方法はいろいろ

本書はこのあとも、主に株式会社について解説していますが、前述したとおり、会社をはじめとする法人にはさまざまな種類があります。また、法人にすることなく起業する方法だってあります。

そこで、ここではレストランで注文するときのように全メニューをざっと見ておきたいと思います。もしかしたら他の種類の会社などの形態の方が事業の趣旨に合うかもしれません。そうでなくても、取引先の会社形態で登場したときに慌てないですむ基礎知識になります。

それでは、どんな種類の起業方法があるか、そしてその特徴などについて簡単に見ていきましょう。

(2) 株式会社と持分会社

まず、会社についてです。

会社には大きく分けて、株式会社と持分会社があります。

持分会社には、合名会社、合資会社、合同会社があります。

株式会社については前述しましたので、ここではそれ以外について説明を加えておきます。

（3）お互いの信頼関係が大切――持分会社

持分会社というと、「それは何のこと？」と思われる人が多いかと思います。株式会社と比べてみましょう。キーワードは持分です。会社を誰かと共有しているのかなと思っていただければイメージはばっちりです。一般的には①社員間の人的信頼関係が深い、②原則として各社員に業務執行権・代表権がある、③会社の所有と経営が一致している、といった点が挙げられます。

株式会社は法律上、出資をする人と事業を経営する人が分かれているので、原則として、お金さえ出せば誰でも株主になれます。例えば、上場会社の株式は、私が株主になってもいいですかと事前にその会社の承諾を得なくても買えます。

一方の持分会社の場合は、誰が出資するのかというのがとても重要になります。何しろ会社を共有し、一緒に経営もする人ですから。そのため出資した「持分」（株式会社の「株式」に相当するもの）を誰かに譲渡するには、全社員の同意が原則として必要です。Aさんと一緒にだからビジネスをしたかったのに、Aさんが抜けて見知らぬBさんが急に登場しても同じようには経営ができません。

しかも、原則として、各社員に代表権（会社名義で契約をする権利）があるのでBさんは対外的に社長として行動でき、取引先と会社の名前でBさんが代表者として契約できてしまいます。持分を自由に譲渡できてしまったら組織崩壊につながりかねない危険性があるため、制限されているのです。なお、原則として社員が亡くなった場合にも相続人は社員としての地位を相続せず、出資持分の払戻しを受けられるだけです。社員同士の信頼関係を基礎とした会社なので、同族会社、仲間内での小規模な会社に向いていると言えます。

（4）持分会社その①　合名会社・合資会社

合名会社は無限責任社員のみ、合資会社は無限責任社員と出資の範囲で責任を負えばよい有限責任社員から構成されます。代々続いているお味噌屋さん、酒屋さんなどが合名会社形態をとっていることが多いようです。古くからある会社形態ですが、「無限責任社員」という響きが嫌われあまり活用されていません。

（5）持分会社その②　合同会社（LLC）

■株式会社と持分会社のいいとこどり

株式会社と持分会社のいいとこどりをしたような会社が、合同会社です。

【合同会社はいいとこどり】

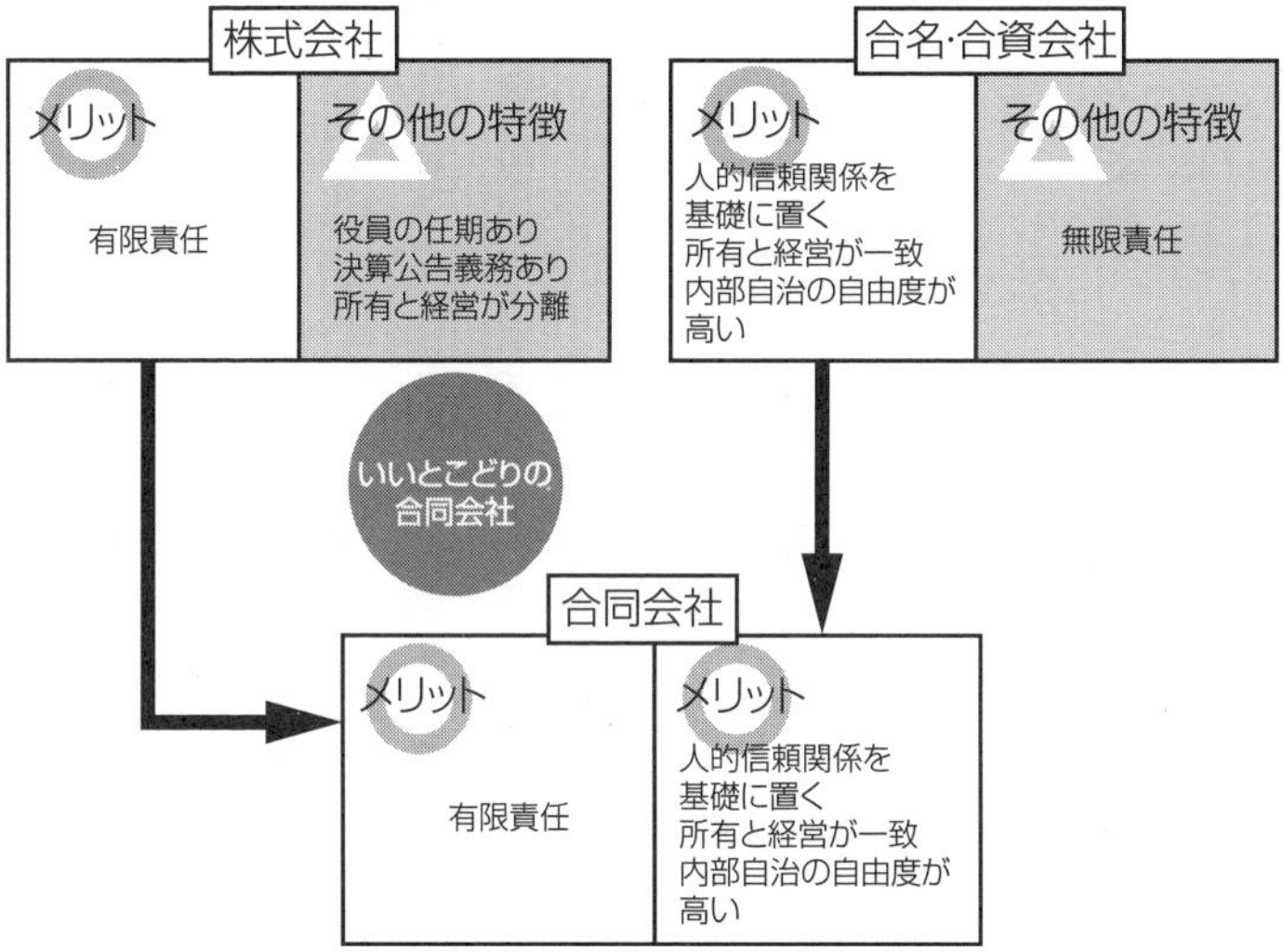

持分会社であるにもかかわらず、株式会社同様有限責任社員のみから構成されること、人的信頼関係を基礎におくため、原則、出資者が事業にかかわり、所有と経営が一致していること、機関設計、損益や権限分配の点で内部自治が広く認められていること、が特徴としてあります。なお、出資者（社員）の住所・氏名は登記簿に記載されます。

株式会社との主な違いは①役員の任期の定めがない、②決算公告義務がない、③定款を公証人が認証する必要がないので、設立手続が株式会社と比べ簡単で費用も安い、④配当が出資比例でなくてよい、といった点が挙げられます。

イメージとしては、共同経営の形態が一

番近いですね。

例えば、Aさんは技術はあるがお金がない、Bさんはお金はあるけれど技術がない、Cさんはお金も技術もないがやる気はある。この三人が、一緒に事業を始めることになり、合同会社を作ることになったとします。

三人の意見が割れた場合はどうやって会社の経営方針を決定するか、利益や損失が出たときはどう配分するか、誰がどのような権限を有するのか等を自由に決めることができます。

合同会社を設立する際も、「定款」という会社の名前や意思決定の方法等を定めたルールブックを作成します。あとで揉めないよう、ビジネスを始める前に具体的に話し合って決めて定款という形で残しておくことが、後日の紛争防止のためにも有効です。合同会社の定款はどう共同経営をしていくかの契約書に近い性質があります。

出資者一名、役員一名だけの会社も可能です。法人が出資者となることもできます。とりあえず会社をつくって始めてみよう、という人にお勧めの会社です。軌道にのって必要が出てきたなら、後日、株式会社などへの組織変更することも可能です。

■とっても簡単！　合同会社をつくる

1　定款・会社実印の作成

↓

2　資本金の出資を履行、設立に必要な書類の作成・押印

↓

3　会社設立登記を申請（法務局）

↓

4　法務局の処理終了後、登記簿謄本・印鑑証明書の取得が可能に

合同会社の設立はとても簡単です。まずは大切な定款を作成します。定款に絶対書かなくてはならないのは左記のとおり六つのみですが、もちろん、それだけでは事業開始後困りますので、会社の経営方針の決定方法、利益・損失の配分方法、各人の権限などをよく検討して内容を決めてください。

- 目的
- 商号
- 本店の所在地
- 社員の氏名（名称）、住所
- 社員が有限責任社員である旨
- 社員の出資額

定款を作成したあとは、会社の実印として登録する印鑑を用意し、資本金を出資し、登記の申請

【手続のコストの違い】

	株式会社	合同会社
電子定款認証費用（実費）	約5万円 （紙の定款の場合更に印紙代4万円が必要）	不要
登録免許税	15万円～	6万円～
合　　計	20万円～	6万円～

書など設立登記に必要な書類を用意すれば、設立登記の準備が完了です。設立登記を申請した日が会社の創立日となります。

■合同会社のいいことと悪いこと

合同会社の場合は、定款の認証が不要で、かつ登録免許税の最低額が異なるので、株式会社に比べて手続も楽でしかもリーズナブルに設立できます。設立後も定期的な役員変更登記や決算書類の公告が不要なので、管理も株式会社よりは楽です。

とりあえず会社を立ち上げてみよう、という人にはかなりおすすめなのですが、株式会社と比較して①馴染みがない、②会社形態がよくわからない、③取引先などに「合同会社」が分かってもらえるか不安、④「合名会社」「合資会社」と間違えられる可能性がある、といったデメリットもあります。また、株式会社でしたら株主が死亡したら、その株式は原則としてその株式はその株主の相続人が相続しますが、合同会社の出資した社員が死亡した場合は、その持分の払い戻しで清算が終了し、社員の地位の相続はされないことにも注意が必要です。例外として合同会社の定款で、相続人を入社させる旨を規定すれば社員の地位の相続ができますので、必要に応じて定款に規定してください。会社を設立したいという人から相談を受けた際は、まず最初にどんな法人の種類があるかを知っていただいたうえで選んで頂くのですが、設立の趣旨をお伺いしていると合同会社が一番適しているのではとこちらが思う人でも、その選択は様々です。例えば学習塾を経営されている人は振込の名義人が合同会社となっているのはどうかと考えて、株式会社を選択しましたし、デザイン事務所を友人と立ち上げようという人は自由度の高い合同会社を選択しました。

合同会社より株式会社が選ばれる最大のネックは、とにかく知名度が低い、その一点につきるようです。合同会社を設立できるようになってまだ数年しか経っていませんので、これればかりは時間が必要そうです。ただ、二〇〇六年度は三、三九二件だった合同会社の設立登記は、二〇一一年度には九一三〇件になっていますので、徐々に認知度が高まってきているのだといえるでしょう。

(6) そういえば、有限会社はいま？

以前は会社の一形態として有限会社がありましたが、会社法施行に伴い、設立ができなくなりました。従来からある有限会社は株式会社の一形態として存続が認められていますが、新たに有限会社を設立することはできませんので、会社を作る場合は株式、合名、合資、合同会社のいずれかを選択することとなります。

Column

設立後に事業目的を変更したら、定款の再認証が必要？

無事設立が終わり、数年後事業拡張のため新規事業目的を追加することになりました。会社の事業「目的」は定款の記載事項ですので、変更するには株主総会の特別決議が必要です。そして、決議から2週間以内に目的変更の登記を申請し、登記簿の記載も変更する必要があります。

登記申請も終わり、一安心。

でももう一つ忘れずお願いしたいことがあります。それは、定款の記載の変更です。

会社を設立するときの定款は公証人の認証手続が必要ですが、設立後定款の内容を変更しても再度公証人の認証を得る必要はありません。ただし内容を変えないと、当初のままですから、目的や商号、本店など定款の記載事項を株主総会決議を得て変更したときは、書き換えましょう。具体的には、定款のファイルの目的の箇所を、変更のものに書き換えるだけです。書き換えを簡単にするために、当初の定款を紙だけでなく、ファイルでもらっておくと楽ですね。

（藤田）

「会社以外」という選択肢

藤田真弓
司法書士

事業の内容によっては、会社以外の法人のほうがいいケースもあります。会社以外の法人には実に様々なものがあるのですが、株式会社にくらべて知名度が低いようです。そのため選択肢として検討していない人が多いのですが、例えば、主婦仲間がケーキの販売をしたいというときには企業組合、観光地のお店や旅館が町おこしをしたいときは事業協同組合、シルバー人材センターを作りたいときは民法法人という選択肢もあります。税金も優遇されている場合があるので検討の価値があるかもしれませんね。

（1）ＮＰＯ——社会のために働く

ＮＰＯは特定非営利活動法人のことでボランティア活動などの社会貢献活動を行う、営利を目的としない法人です。そのため融資が受けにくく、寄付や会費に収入を頼らざるを得ないという側面もあります。設立時十名の社員が必要です。設立をするには、所管庁の許認可が必要となります。

（2）一般社団・財団法人という選択肢

社団法人・財団法人ってどんなイメージをお持ちですか？

～育英会、～研究会、～基金、～協会　などなど色々ありますね。民主党による事業仕分けの対象にもなったので、あぁ、天下り先の団体ね、と思う方もいるかもしれません。従来の定義では、民法に規定されている法人（民法第34条）で、学術・教育・福祉・文化・スポーツの振興、環境の保全、国際交流・開発援助の促進その他の公益を目的とする財団、社団のことで（財団は財産を、社団は人を基礎とした法人です）、設立するには主務官庁の許可を得ることが必要でしたので、気軽に設立することはできませんでした。

ところが、二〇〇八年十二月一日に公益法人制度改革に関する法律が施行され、設立が簡単に出来るようになりました。

・許認可不要

・事業は公益目的に限らずなんでもOK

・公益性の認定を受けられれば、税法上の優遇あり

公益性の認定を受けていない社団・財団の事を「一般社団法人」「一般財団法人」といいます。

公益性の認定を受けると「公益社団法人」「公益財団法人」という名前に変ります。

公益性の認定を受けるのはオプションです。受けずにそのまま一般社団（財団）法人として活動してももちろん構いません。

特にお勧めは一般社団法人。こちらは株式会社を設立する場合と異なり、出資も不要です。当然、資本金の額は登記事項になっていません。株式会社をつくるより簡単に安く設立できちゃいます。社団というのは人が集まって一定目的の事業をしましょう、というものなので、設立時には最低二名が必要になるのが株式会社とは違いネックになるかもしれません。

さて。

今現在ある二五、〇〇〇弱の社団・財団法人はどうなるか？
これらは、公益性の認定を受けられれば「公益社団・財団」として存続するか、認定が受けられなければ「一般社団・財団」になります。なにもせず五年経過すると解散とみなされます。そして、この「公益性の認定」に合格できるのは十～二〇％程度だとも言われています…

（3）　その他の法人——営利も公益も

営利法人と公益法人の中間に位置づけられる法人もあります。学校法人など、営利目的の部分も公益目的の部分もある法人です。

■医療法人、学校法人、社会福祉法人など

それぞれ、医療法、私立学校法、社会福祉法など根拠法令が各別にある法人です。

医療法人	病院、診療所、介護老人保健施設を開設して医療事業をすることを目的として設立される法人です。社団、財団の両方の形態があります。
学校法人	私立学校を設置する時は必ず学校法人を設立する必要があります。
社会福祉法人	老人ホーム、在宅支援をする法人などです。

■活用の場が多い中小企業等協同組合

中小企業等協同組合は中小企業等協同組合法に規定された法人格のある組合で、事業協同組合、企業組合、火災共済協同組合、信用協同組合、などがあります。ここでは活用の場が多そうな組合を二つご紹介します。

一つは「事業協同組合」です。

例えば、温泉地の旅館や土産物屋さんが集まって、地域ブランドを発信する時などに活用されています。それぞれキャンペーンをしても、一つのお店の力には限界があります。そこで、趣旨に賛

同した数店で、共同して仕入れをしたり、販売促進、宣伝をしたりするのです。

中小企業は一般的に規模が小さく、資金や情報を集めるのが大企業に比べて劣る、というデメリットがあります。寄らば大樹の陰、ではありませんが、そうした中小企業が集まり、一体の目的に向け互いに協力し、助け合い事業発展させよう、というものです。数の利を生かしましょう、ということですね。皆で一緒にやる方が、生産性も上がりますし、誰かと交渉するにも有利です。宣伝や開発にもお金がかけられますし、さらには業界内のルールを確立して、業界全体の改善や経営の安定を図ることもできます。

事業協同組合の構成員は中小事業者に限定されていて、最低でも四事業者（法人、個人事業主どちらでも可）が必要で、設立するには所管庁の認可が必要となりますが、活用の場は多いのではないでしょうか。

もう一つは「企業組合」です。

例えば、主婦仲間のケーキの販売、数人で個人宅配をする、高齢者の専門知識活用をするための組織を作りたい、村おこしで村民の働く場を確保したいというときに向いています。

設立するには、個人事業主や会社員や主婦、学生などの個人四人以上と、所管庁の認可が必要です。

個人では経営規模の限界があります。一人で起業するのではなく、一緒にやる仲間（組合員）を集めて企業組合を設立し、組織化することで、数の利を生かした経営をすることを可能にしています。これにより経営規模を拡大したり、経営の近代化ができたり、取引を有利に進めることが期待できます。また、企業組合に出資した組合員は、出資者であり、経営者であり、労働者でもあるので、企業組合を作ることで、自らの働く場を確保するためにも利用されています。事業に制限はありませんので、アイディア次第では色々と活用ができるのではないでしょうか。

(4) 非法人

法人格のないものとして、民法上の組合、匿名組合、有限責任事業組合があります。

■マンションの管理組合などはこれ——民法上の組合

何だか関係なさそうだなと感じますが、要は皆でお金を出して何かやりましょう、という団体のことで、例えばマンションの管理組合や、数人が集まって商売を始めるときがあります。法人格がないので、財産は組合でなく、組合員全体が持っている（合有といいます）こととなります。

■匿名組合——いわゆるファンド

これはファンドをイメージして下さい。投資家から集めたお金を匿名組合が運用し、利益を投資家に配分する時に使われます。

■有限責任事業組合（LLP）——利益は山分け、責任は限定的?!

民法組合の特例として、二〇〇五年八月に創設された組織です。①出資者全員の有限責任、②内部自治の徹底、③構成員課税の適用という特徴があります。

株式会社は資本に基づく会社ですが、LLPは人を重視した会社です。株式会社の大原則からすれば、株式会社は株主のものであり（色々な説がありますが）実際に汗水たらして働く役員や、従業員のものではありません。

LLPでは、出資した人（組合員）が頑張り、利益を得ればその人たちで分配する、ということを実現できます。人のやる気を引き出す新しい仕組みではないでしょうか。

人が中心で、しかも何かあった際でも出資した範囲で責任を負えばいい有限責任です。この点では合同会社（20ページ参照）と同じですが、次のような違いがあります。

LLPは「構成員課税（パス・スルー課税）」となっていて、LLPで生じた損益については、LLP自体には課税されず、損益の分配を受けた組合員に課税されます。そのため、仮にLLPの方で損失を出しても本体の方の所得と損益通算できるため（損金として各年度に計上できるのは、出資額までとの制限あり）、例えば企業同士が共同でLLPで実験的な事業をするときなどにも活用することがあります。同様に、既に何かビジネスをしている人が、リスクのあるプロジェクトを仲間と立ち上げる時などにも活用できます。仮にうまくいかなくても、損金として計上できるので、誰かと一緒に何かチャレンジするときにいいでしょう。

(5) 登記簿は誰にでも見られる可能性あり

以上、選択肢として検討していただきたい組織を簡単にご紹介しましたが、まだまだ他の組織形態もありますし、全てを考慮したうえで、個人事業を選ぶというのも一つの手です。

最後に、登記簿について補足しておきます。「会社」を設立した時などは、法務局で登記をし、「登記簿謄本（登記事項証明書）」が作成されますが、そこに何が記載されるかがそれぞれ異なりますので、イメージがわきやすいよう、代表的な例を挙げておきます。代表者のみならず出資した人の住所氏名が登記される法人もあります。登記簿は誰にでも見られる可能性がある書類ですから、誰の住所氏名が登記されるのかは考慮する必要があります。

【登記簿謄本：株式会社】

商　　　号	株式会社～
本　　　店	東京都～
公告をする方法	官報に掲載する方法とする
会社成立の年月日	平成 20 年 4 月 1 日
目　　　的	1．情報誌、雑誌などの編集業務 2．情報システムの企画、設計、保守及び管理運営に関する業務 3．加工食品の企画、開発、販売 4．飲食店の経営コンサルタント業務 5．前各号に付帯関連する一切の業務
発行可能株式総数	400 株
発行済株式の総数並びに種類及び数	発行済株式の総数 60 株
資本金の額	金 300 万円
株式の譲渡制限に関する規定	当会社の株式を譲渡により取得するには、株主総会の承認を受けなければならない。
役員に関する事項	取締役　A
	東京都～ 代表取締役　A
登記記録に関する事項	設立 平成 20 年 4 月 1 日登記

＊出資をしただけの人（株主）は登記事項ではありません。
＊住所が記載されるのは代表取締役だけです。
＊このほか、監査役の氏名、監査役会設置会社、取締役会設置会社である旨なども登記事項です。

【登記簿謄本：合同会社】

商　　　号	合同会社～
本　　　店	東京都～
公告をする方法	官報に掲載する方法とする
会社成立の年月日	平成20年4月1日
目　　　的	1．インターネットを利用した各種情報提供サービス業 2．コンピューターシステムの分析、設計業務 3．前各号に付帯関連する一切の業務
資本金の額	金300万円
社員に関する事項	業務執行社員　A
	業務執行社員　B
	東京都～ 代表社員　A
登記記録に関する事項	設立 平成20年4月1日登記

Column

法人化するのに良いタイミングはどんなとき？

この本は、起業するにあたって法人を設立する人を前提として書いていますが、法人を設立しないで個人事業という形で、起業をする方も多いですよね。

会社を作ると、個人で事業をするのにくらべ、維持にかかるコスト、手間がかかりますので、事業が軌道に乗るまでは、個人事業を選択するのがいいかもしれません。

そこで、個人事業主の人が法人化するのに良いタイミングを考えてみました。下記にあてはまるときは、法人化を考えるチャンスです。

①　個人事業主での事業所得が800万円を超えたとき

この場合は、コストを考慮しても法人化したほうが税金が低くすむ可能性があります。

②　人を雇用するとき

良い人材は法人の方が確保しやすいですよ。

③　信用が必要なとき

個人だと取引してくれない企業もありますし、WEBなどで集客するときに、個人の屋号よりも会社名のほうがお客様に安心感を与えるようです。

④　個人のお金と事業のお金がぐちゃぐちゃになってしまったとき

財布が分かれていないと、儲かっているのにお金がない。お金がない理由がわからないということになりがちです。　（木村）

Column

連帯保証人の責任

会社を立ち上げる際や、事業を拡大する際など、会社を経営していると、銀行などの金融機関から資金を借り入れる場面が出てきます。

この場合、借入れをする主体（主債務者）が会社であっても、借入れの条件として、会社の経営者個人が連帯保証人となることを求められることが多くあり、このことを「経営者の個人保証」と言います。

経営者は、連帯保証人になると、主債務者である会社とほぼ同じように（連帯して）、債権者である金融機関に対して借入れを返済する責任を負うことになります。現実に、連帯保証人である経営者が、債権者から返済を求められるということも見られますし、返済が滞った場合には、経営者個人の財産が差し押さえられる危険もあります。

そのため、連帯保証人になる際には、このようなリスクを十分に認識し、注意しておかなければなりません。

また、自分が会社の経営からはずれ、他者に経営を引き継いだとしても、連帯保証人の責任が自動的に他者に引き継がれることにはなりません。このような場合には、新しい経営者に連帯保証を引き受けてもらい、あるいは他の担保を差し入れるなどして、自身の連帯保証は免除してもらえるよう、新しい経営者及び債権者と交渉しなければなりません。　（六波羅）

第2章
手続が難しくてわからない！

定款作成時のポイント

その他、定款で決めること

会社の経営方針をどう決めるか

役員について規定すべきこと

オリジナルの「株式会社」を設立しましょう！

設立前にこれだけは！　税金の重要ポイントは二つ

設立後、経営開始前の手続あれこれ

定款作成時のポイント

藤田真弓
司法書士

(1) 定款は会社の憲法です！

株式会社の設立は、定款を作成することから始まります。

定款とは、会社の内容・組織や運営に関するルールが書かれたもので、会社設立をする際に必要不可欠なものです。法律の規定に反しない限り定款で任意にその会社に適したルールを設定することができます。

これを「定款自治」といいます。法律で許された範囲内ならば、定款で規定したことの方が法律の原則よりも優先されます。既製服でなく、オーダーメードの身の丈にあった服を作ることができるというわけです。

会社の登記簿には記載されない定款事項も多く認められたので、実は定款を見ないとその会社の詳細が分からない、ということもあります。資本金の最低額の規定がないなど、気軽に会社を作れるようになった今日、会社の信用調査は厳しくなっていくことが予想されます。取引先、金融機関に定款の提示をもとめられることも出てくると思いますので、任意で規定できる事項についてはなぜその規定を選択するのか考えながら、しっかりとした定款を作成していただきたいと思います。

ちょっと例えは違うかもしれませんが、中学や高校時代、休日に友達と会うときの「洋服」って悩みませんでしたか？　流行を取り入れつつ、自分に合うものをセンスよくまとめられたら、気分よく外出できたものです。「定款」も同じです。自由であることをいかし、自分の会社に合うものをうまく取り入れ着こなしてください。

ただし、自由の影には責任があります。どのような会社・運営形態・組織にしたいか、なぜそうするのかをよく考えて、いい定款を作成してください。

洋服と違い「流行っているから」といって規定を丸呑みして取り入れたりする必要はありませんが、定款を着ている「会社」は株主構成や役員などが日々変化していくものですので、変化に合わせ定款を変更していくことも重要です！

(2)　これだけは外せない。必ず記載しなくてはいけないこと

定款に絶対記載しなくてはならないのは次のとおりです。これらの記載がない場合や違法な場合は、定款全体が無効となってしまいますので注意しましょう。

■「SOS.（エスオーエスドット）株式会社」って登記できる?——商号

第一に「商号」すなわち会社の名前（社名）です。これが一番悩むところですね。どんな名前にしましょうか? 覚えてもらいやすい会社名、イメージが伝わる会社名? どんな名前がいいかは一概に言えませんが、候補が揃ったら、電話で名乗りやすいか、名刺交換の時はどうかを試してみてください。

社長の思い入れのある長い会社名を付けたがために、社内では不評、電話で名乗る時も省略され、取引先に「長い」というイメージはあっても正式名称をなかなか覚えてもらえない。結局その略称へ後日名前を変えた、なんて会社もありましたので、どうぞ、慎重に決めてください。

「株式会社」を入れる必要がありますが、株式会社○○でも、○○株式会社でもどちらでも構いません。会社名が最初にくる○○株式会社というほうが多いようです。

文字としては、日本語、アルファベット、数字、一定の符号（「&」（アンパサンド）「'」（アポストロフィー）「,」（コンマ）「-」（ハイフン）「.」（ピリオド）「・」（中点））が使用できます。符号は文字を区切る場合に限り使用でき、先頭、末尾で使用することはできません。ただし、省略を表す「.」（ピリオド）は末尾での使用ができます。

日本語とアルファベットを組み合わせて使うこともできますが、英語と日本語の商号を併記すること、ローマ字の読み仮名を括弧書きで登記することはできません。タイトルの会社名は読み仮名を括弧書きしているので、このままでは登記できません。その会社名で本当にいいかどうかはともかくとして「SOS．株式会社」もしくは「エスオーエスドット株式会社」ならば大丈夫です。英語表記にするか、カタカナにするかも悩みどころです。読みやすさからカタカナにする人もいますし、イメージの伝えやすさを優先して英語にする人もいます。

ローマ字を用いて複数の単語を表記する場合に限り、当該単語の間を区切るために空白（スペース）を用いることもできます。いずれにしても選択した表現が会社の正式な名前になり、契約書、請求書などはその名前を使用することになりますのでよく検討してください。

名前の利用についての規制ですが、会社法では、同一商号同一本店の会社は登記できない、と制限されているのみです。同じ本店で同じ名前でなければ、会社設立登記は受理されます。

では、どんな名前でも使っていいかというとそうではありません。会社法ではこのように大変ゆるい規制があるだけなのですが、不正競争防止法（191ページ参照）により、不正競争目的による類似商号の使用は禁止されています。例えば「ソニー」というパソコンを販売する会社を設立した場合などは、既にあるソニー株式会社から損害賠償の請求や使用差止請求をされる可能性がありますので、注意が必要です。人の信用にタダ乗りしちゃダメですよ、ということですね。

それから、商標登録されているものと重なる場合も気をつけてください。商標（186ページ参照）というのは、自己の取り扱う商品、サービスを、他者の商品、サービスと区別するためにその商品やサービスに関連して使用するマークのことです。商号そのものが商標として登録されていることもあり、他者が登録している商標に類似する商号を使用すると、差止請求や損害賠償請求を受けるおそれがあります。

商号の候補を思いついたら、インターネットで検索したり、電話帳を調べたり、商標の登録状況（特許電子図書館のホームページで検索可能です）を調査してみるといいでしょう。

■「事業一般」でよい？――目的

第二に「目的」つまり会社が行う事業の内容です。会社法になり、目的の具体性が問われなくなったため「事業」などといった大きな枠でしかないものでも登記することはできます。

ただし、その場合外部から見て何をやる会社なのかが全く分かりませんし、許認可が必要な事業、例えば人材派遣をする場合などは「労働者派遣事業」という目的が登記されていることを要求されますので、従前どおりできるだけ具体的に定めることをお勧めします。順番の規則はありませんが、メインの事業から順に書くといいでしょう。

事業のイメージはあるけれど、どう記載してよいか分からない時は、類似の事業をしている会社を参考にしてみてください。他社の目的は、法務局で他社の登記簿を見れば調べることができます。

また「エディトリアルデザイン」など、目新しい言葉だけれど使いたい、という場合は「現代用語辞典」などの辞典を見てください。これらに記載があればその表現も使えます。一定のアルファベット、例えば、「CD」「DVD」「IP電話」も使えます。要は、一般の人が読んで分かるかどうかが基準です。

なお具体性が問われなくなった関係で、以前は難しかった「経営理念」「企業理念」を定款に記載することができるようになったので、記載してみてはいかがでしょうか。定款を見ないとその会社の概要が分からないこともあるため、会社の外部に定款を提示する機会もありうると思います。その際、会社をアピールするものとして、企業理念を掲載しておき、営業のツールにするため、または設立当初の熱い思いを後から確認するためにもいいのではないでしょうか。

■正しい表記を確認しよう！——本店の所在地

第三に「本店の所在地」です。定款では、最少の行政区画の市区町村までを記載すれば足ります。最少の行政区画とは、例えば「東京都港区」「横浜市中区」「三浦郡葉山町」などで、自分の住民票などが発行される役所の単位と考えていただければ分かりやすいかと思います。

具体的な、どこそこの何番何号という住所は、別途発起人の同意で決めます。定款で具体的な場所まで決めることもできますが、その場合本店を変更するたびに定款変更をする株主総会決議が必要となってしまいます。「株主＝経営者」のときや株主が少数の場合は株主総会を開くのは簡単ですが、大会社になると株主総会を開き、決議を得るのは大変なことです。

具体的な住所を決める際は、正しい表記（例「○○△丁目△番△号」「○○△番地（の）△」）を役所に問い合わせて確認するといいでしょう。ビル名や部屋番号は登記してもしなくても構いませんが、部屋番号がなくても郵便物が届くかどうかなどを考慮して決めてください。

■資本金は一〇〇円でもいいの?――設立に際して出資される財産の価額またはその最低額

第四に「設立に際して出資される財産の価額またはその最低額」つまり資本金のことです。以前は原則として、一、〇〇〇万円の資本金がないと株式会社を設立できませんでしたが、現在では、極端な話をすれば一円の資本金でも株式会社を設立できます。

ただし、会社を起こすとなると諸費用も、運転資金も必要となりますし、三〇〇万円以上ないと配当ができませんので、できれば三〇〇万円ほどの資本金があったほうがいいと思います。73ページもご参照ください。ちなみに、法務省統計によると、資本金三〇〇万~五〇〇万の会社が多いようです。

資料:法務省の統計　8頁
http://www.moj.go.jp/TOUKEI/gaiyou/touki-1.pdf

手元にあるお金だけではなく、自分の持っているパソコンや車などを会社に出資することもできます。これを「現物出資」といいます。現金だけでなく「モノ」がないかもあわせて検討してください。現物出資をした場合は、検査役の調査等が必要となりますが、総額が五〇〇万円を超えない場合などは不要ですので、その範囲内では気軽に使えると思います。

ところで自分の手元にあるお金では足りず、事業に賛同してくれる人や、親戚などに援助してもらうときは通常、貸付か出資をしてもらうことになります。この場合、貸付と出資（株式）のどちらがいいでしょうか？

株式に対する出資金は通常会社を解散するまで清算する必要はありませんが、出資額に応じた発言権・利益配当請求権があります（種類株式を設定することで発言権や利益配分を受ける権利を限定する方法もありますが）。ちなみに、一株でも持っていれば通常、株主には次のような権利があります。

・剰余金配当請求権（配当をください、と言える権利）
・残余財産分配請求権（会社が倒産したとき余ったお金は返してください、と言える権利）
・名義書換請求権
・株式買取請求権
・議決権（一株または一単元以上）
・定款、株主名簿閲覧請求権
・代表訴訟提起権（公開会社の場合は保有期間六ヶ月以上という要件も必要）
・取締役の違法行為差止請求権（公開会社の場合は保有期間六ヶ月以上という要件も必要）

一定以上の割合を持っていればさらに、特定の議題を株主総会の目的とすることや取締役の解任請求、株主総会招集請求、果ては解散請求などもできます。

貸付の場合は、株主にはならないのでそのような請求権はありませんが、決めた時期に返す必要があります。また、利息も必要です。

相手の人の意思はどうか、会社にとってはどちらがいいのか考えて決めてください。

■株主って登記簿に載るの？——発起人の住所・氏名

第五に「発起人の住所・氏名」です。発起人というのは、設立時に出資をする人です。その人の住所氏名が記載事項として必要です。

この人の名前は定款には記載されますが登記簿には記載されません。お金だけ出している「株主」は登記事項ではないのです。それはそうですよね、上場企業など毎日株主の一部が入れ替わっているような会社もありますし、そもそも株式会社はお金が集まってできた物的会社なので、資本金は登記事項ですが、誰がお金を出したのかは登記事項となっていません。

Column

株主総会を開こう！

株式会社では少なくとも年1回の株主総会（定時総会）を開催する必要があります。

原則として取締役（会）が日時場所、議題等を決めます。そうして、公開会社の場合、書面投票、電子投票ができる場合は2週間前、非公開会社の場合は1週間前までに株主へ招集通知を発送します（取締役会を置いてない会社の場合はさらに短縮できます）。発送をすればよく、到達までは要求されていません。

書面投票、電子投票ができる場合必ず書面でする必要がありますが、それ以外の場合は、株主の承諾があればメールでもOKですし、取締役会を置いていない会社ならば電話、会って伝えるなどでもOKです。これで開催準備ができました。当日に備えて議事次第などを用意しておくとなお安心ですね。無事当日を終えましたら、株主総会議事録の作成もお忘れなく！　（藤田）

その他、定款で決めること

藤田真弓
司法書士

定款には他に、相対的記載事項と任意的記載事項があります。相対的記載事項とは、定款に記載しないと効力が生じない規定（現物出資や会社成立により発起人が受ける報酬など）です。任意的記載事項とは、定款の絶対的記載事項・相対的記載事項以外の事項で、法律の規定に違反しないものです。定款以外で決めてもかまいません。定款で決めた場合は、変更するのに株主総会決議が必要となります（株主総会の議長、取締役の人数、事業年度など）。

定款の相対的記載事項は、会社法になり、大幅に増加しました。なお最も特徴的なのは会社機関の設置についてですが、これは後ほど（59ページ参照）ご説明します。

ここでは設立時に検討しておきたい規定について、いくつか挙げておきます。

（1）公告は官報がおすすめ

定款文例「当会社の公告方法は、官報に掲載する方法により行う。」

例えば、資本を減少したり、合併したりする際など会社にお金を貸している債権者にとって重要な事柄については、社会に対して報告をしなければなりません。これを「公告」といいます。各債権者に別途通知もしますが、会社の債権者は多岐にわたりますので、公告もしましょう、ということになっています。また、会社の決算は、毎期ごと公告する義務があります。

その際どのような方法でするか、というのを定款で決めておきます。これは登記簿にも記載されます。

①政府の発行する「官報」、②新聞、③ホームページに掲載する方法があります。一番リーズナブルなのは、官報です。

新聞は官報に比べて費用が高いですし、ホームページで公告した場合は、その公告がきちんと期間中継続してなされたことを調査機関に認証してもらう必要があり、現在のところその費用は官報に比べて高いので、特段の事情がなければ官報公告がおすすめです。

決算公告については、調査機関の認証が不要ですので決算公告のみホームページで公告することも可能ですが、官報で公告するよりも詳しい内容を掲載する必要があります。

(2) 株式譲渡制限規定

定款文例「当会社の株式を譲渡により取得するには、株主総会の承認を受けなければならない。」

株式は、原則として自由に譲渡（すなわち売買）できます。株式市場に上場している会社の株式をイメージしていただくと分かりやすいかと思います。株式会社であれば、上場していなくても株を自由に譲渡できるのが原則です。そして株主が自由に株式の全部または一部を譲渡できる会社のことを、会社法では「公開会社」といいます。

ところで、一般的に公開会社という言葉は、東京証券取引所などの証券市場で株式公開している会社、いわゆる上場会社という意味で使用されていました。しかし会社法に規定されている公開会社は上場しているかどうかを問いませんので、上場していない公開会社もあります。とても紛らわしいですね。会社法が施行されたときは、「今日から白は黒という意味になります」と言われたような気がしたものです。

それはさておき、この「公開会社」の場合は、どんな人が株式を購入するか分からず、会社にとって望ましくない株主が出現したり、場合によっては株式を買い占められて株主総会で役員の解任を請求したり、会社そのものを乗っ取る恐れがあります。

そのような事態を防ぐためには、株式を譲渡するときは会社の承認を得なさいね、という規定を定款に入れておくことが有効です。取締役会はもちろん、株主総会、代表取締役の承認とすることもできます。どの機関が株主を決定するのかも検討の必要があります。

全ての株式の譲渡につき会社の承認を必要とする会社のことを、非公開会社または譲渡制限会社といいます。会社法では公開会社か否か、大会社（資本金五億円以上または負債が二〇〇億円以上

【「大会社」と「公開会社」】

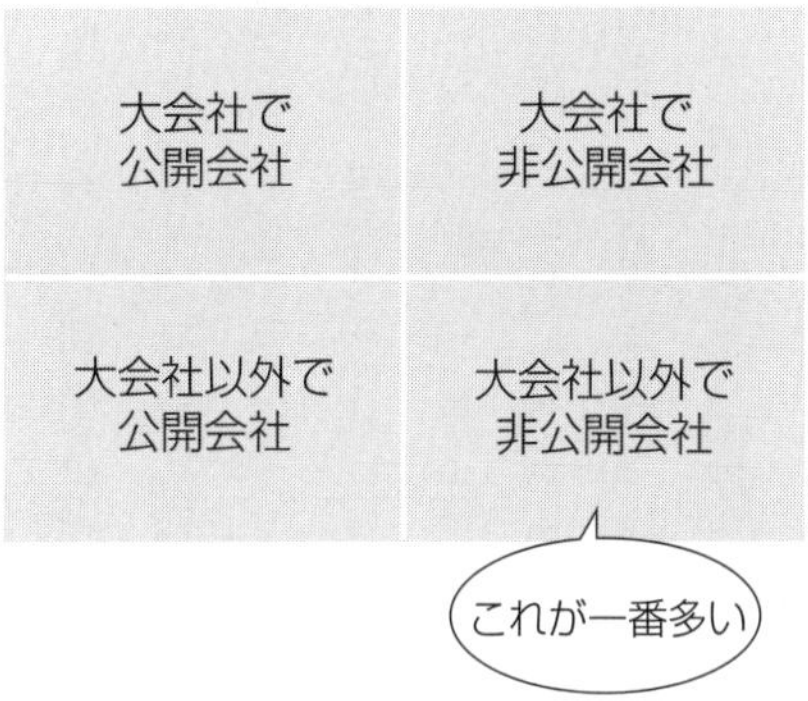

の会社）か否かで適用する条文が異なっていますので、覚えておくとよいでしょう。

中小会社のほとんど、つまり日本の株式会社のほとんどは非公開会社です。公開会社の方が非公開会社よりも法律上の制約が多く、例えば非公開会社でないと、役員の任期を延ばせず、取締役会も廃止できませんし、株主総会招集通知の発送期間を短縮することもできません。一番恐ろしいのは、定時株主総会でする事業報告が嫌というほど増えることです。会社法施行規則第一一九条以下に記載してあるのですが、あれもこれも、こんなことまで？　と思う事項を見ていると、公開会社にするのだけはやめようと思ってしまいます。株式を上場している会社は一般投資家保護のために求められて当然かもしれませんが、ほとんど身内の会社で、株式譲渡制限規定を定款に定めていないばかりにそこまで求められたらたまりません。そんなときは、速やかに定款変更をして株式譲渡制限規定を規定しましょう。

（3）発行可能株式総数

定款文例「当会社の発行可能株式総数は一千株とする。」

会社が株式を発行できる株式の数には、上限があります。これを「発行可能株式総数」といい株式の譲渡について制限を設けている非公開会社の場合は自由に定められますが、公開会社の場合は、設立時に発行する株式数の四倍以内までとなります。

将来どのくらいまで資本を増加したいですか、ということですね。設立後この上限を変更することも可能ですが、その場合は定款変更手続が必要となるため、株主総会の承認が必要となります。

また、設立時の一株の金額をいくらにするかも自由に決められます。一株五万円、という時代があったので、それにならい五万円にしてもよし、もう少し細かく一株一万円でも、一円でも自由に決めることができます。では、いくらにしましょうか?

一株一円にすると、管理が大変です。ものすごく極端な話ですが、資本金が三〇〇万円の場合株主は最大三〇〇万人というのも考えられます。株主総会の通知を送るだけで膨大なコストになりますし、出資に見合うだけのコストかというとそうでもないですよね。一円出資してもらって、毎年一二〇円かけて通知を発送していたらかなりのマイナスです。三〇〇万人いる株主の中には毎年数万人単位で住所を変更したり、死亡して相続が発生する人もいるでしょう。その事務作業も考えるだけで嫌になりますね。かといって一株一、〇〇〇万円にすると単位が大きすぎて出資しにくくなります。「今度会社設立するから、一口乗らない？」と誘うには大きすぎますよね。

おすすめしているのは一株一万円です。日常なじみのある単位ですし分かりやすいので。会社の事情によっていくらがいいかはそれぞれ異なりますので、あくまでもご参考まで。

(4) 株券を発行するかどうか

定款文例「当会社の株式については、株券を発行しないものとする。」

以前は、株券を発行するのが原則でした。「あれ？　うちのおじさんの会社は株式会社だけど、株券なんて見たことないな……。」なんて思われた人もいるかもしれません。株券を発行している会社の方が少なかったこと、株券発行事務の煩雑さ、取引ごとに株券をデリバリーする手間を省き取引決済を迅速かつ確実にしたい、という要望があり、原則と例外を入れ替え、株券を発行しないことが原則になりました。定款で定めれば株券を発行することもできます。

株券を発行しない場合、株主の管理は株主名簿ですることになります。株主名簿には、株主の住所、氏名、持っている株式の数（種類株式を発行しているときは、株式の種類、種類ごとの数）、取得年月日を書いてください。

(5) 株主が亡くなった場合の規定

定款文例「当会社は、相続その他の一般承継により当会社の株式を取得した者に対し、当該株式を当会社に売り渡すことを請求することができる。」

株式譲渡制限規定(51ページ)がある場合でも、相続は「譲渡」ではないため、相続により株式が継承されるのは阻止できません。ではもし、会社の株式を八〇%(八〇株とします)保有する大株主が亡くなったとします。相続人は妻、子供二人がいるとします。遺言もなく、しかも相続人の仲がものすごく険悪で、遺産分割の話し合いが泥沼化してしまったら?

ぞっとなさった人、正解です。

話し合いがまとまり、誰が株式を相続するか決まるまでの間は法定相続割合(妻二:子一:子一)どおり妻四〇株、子各二〇株を持っている状態ではなく、一株ごとに「妻二:子一:子一」の割合で共有していることになります。株式を共有している場合は、権利行使者を持分価格の過半数で決めてその人が議決権を行使できますが、争いがありそれすら決められない事態もありえます。こうなるともう、お手上げですね。

株主総会の普通決議の要件は、「株主総会の決議は、定款に別段の定めがある場合を除き、議決権を行使することができる株主の議決権の過半数を有する株主が出席し、出席した当該株主の議決権の過半数をもって行う」とあります。この会社の場合、議決権の過半数を持っている株主の出席がまず期待できませんので、株主総会が開けず、会社の重要事項を何も決定することができない状態に陥ってしまいます。

また、仮に話し合いがまとまったとしても、会社にとって望ましくない相続人が大株主として出現したら？　これも困った事態になりかねません。

このような不都合を解消するために、定款で定めれば、株式の相続を認めたくないときに、株主の相続人に対して株式の買取を強制できる規定を設けることができます。望まない相続人を株主に迎えるリスク、相続争いに巻き込まれるリスクが削減できます。

いいこと尽くしのようですが、デメリットもあります。そもそも、会社に株式を買取る資金がない場合は、絵に描いた餅です。また、がんばって会社を経営し、利益も順調に出ているので、息子に後を継がせようと思っていたのに、自分の死亡後に息子が相続した株式を会社に買取られてしまう、という危険性もあります。

(6) 事業年度

事業年度とは、経営上の区切りとする期間のことです。事業年度は一年を超えることができません。ちなみに、初年度は会社設立の日（＝登記申請日）から事業年度末日までとなります。

個人事業の場合は十二月末締めですが、会社の場合は決算月をいつにするか選べます。事業年度末日から原則二ヶ月以内に税金の申告が必要となります。さぁ、では決算月をいつにしましょうか?

いろいろな選択基準があるかと思います。決算の時期はバタバタしますので、事業の繁忙期でないときにする、できるだけ年度を増やし長く経営しているように見せたいので、設立日から間もない時に決算月にする、逆に初年度は消費税の特例を受けることができるので(73ページ参照)できるだけ長くとり、例えば十月に設立するならば九月末を決算期にする。いずれの場合も、顧問の税理士さんがいる場合は事前に相談することをおすすめします。74ページもご参照ください。

会社の経営方針をどう決めるか

藤田真弓
司法書士

(1) 会社の組織をつくりましょう

会社の機関とは、法律上決められている会社内の組織のことです。株式会社には、次のような機関を設置することができます。

■オールマイティの決議機関――株主総会

株主によって構成される最高の意思決定機関です。全ての会社に必須の機関で、少なくとも年一回は開催する必要があります。株主総会自らが業務執行をするのではなく、業務執行は取締役に任せられています。その取締役から事業報告を受けたり、貸借対照表や損益計算書等の計算書類（決算書）を承認したり、定款変更に関する決議や、合併、資本減少などの重要事項の決議、取締役、監査役を決める決議をします。

株主総会の権限は取締役会がある場合とそうでない場合で異なります。取締役会がある場合は、会社法に規定された事項と定款に定めた事項に限り決議できますが、取締役会を設置しない場合はそ

【株主総会での議決権について】

1株主でも議決権があります。ただし、単元株の定めがある場合（一定数の株式で一個の議決権を行使できる、とする定款の定めがある場合）は1単元株以上が必要です。

株主総会の決議は、通常「普通決議」で行われますが、重要な事は「特別決議」、株式の譲渡を制限する規定などさらに重要な事項は「特殊決議」で行われます。

	要　件	決議事項例	備　考
普通決議	①「議決権を行使できる株主の議決権」の「過半数を有する株主」が出席し ②「出席した当該株主の議決権」の「過半数」で決議	・役員の選解任 ・計算書類の承認	①の「過半数」の要件について定款で変更可能 ②の「過半数」の要件について定款で加重することも可能
特別決議	①「議決権を行使できる株主の議決権」の「過半数を有する株主」が出席し ②「出席した当該株主の議決権」の「2/3以上」で決議	・定款変更 ・資本減少 ・株式併合 ・新株予約権募集決議 ・解散	①の「過半数」の要件について定款で1/3以上の任意の割合とすることも可能 ②の「2/3」の要件について定款で加重することも可能
特殊決議	①議決権を行使できる株主の半数以上かつ ②当該株主の議決権の2/3以上で決議	・株式譲渡制限規定を新設する定款変更決議	・①②いずれの要件も定款で加重することが可能 ・最低出席数の要件はない

れにとどまらず組織、運営、管理など一切の事項を決議できるオールマイティの決議機関となります。

■一人でも「代表」──取締役

会社の運営方針を決定し、業務執行をする人です。取締役の中で対外的に会社を代表して外部と取引をするのが「代表取締役」です。取締役が一人のときは自動的にその人が「代表取締役」になり、「代表取締役」として登記もされます。一人でも「代表取締役」と名乗れます。ちなみに、有限会社の場合は一人取締役の場合は「取締役」としてしか登記されませんでした。

■取締役の会議──取締役会

取締役の会議が取締役会です。会社の業務執行に関する決定をします。取締役会を設置する場合は、取締役が最低三人必要でかつ監査役か会計参与を置く必要があります。取締役会がある場合は、取締役は独立した機関でなく、取締役の構成員という位置づけになります。

■監査役

会社の運営（取締役の職務執行）や会計が適正に行われているかを監査する人です。公開会社ではない会社（監査役会、会計監査人がいる会社を除く）は定款に定めれば監査の範囲を会計に関するものに限定することもできます。

■会計監査人

公認会計士、監査法人でなくてはなりません。計算書類等を監査して会計監査報告書を作成する権限があります。

■金利を優遇する銀行もある――会計参与

公認会計士、監査法人、税理士が役員として就任し、取締役と計算書類（決算書）を作成します。専門家の関与により計算書類の粉飾や改ざんを防止し、会計の適正さを確保することで、外部に対し会社の計算に対する信頼性を向上させることができます。

実際、会計参与のいる会社の場合は計算書類の粉飾の恐れが低いので、銀行によっては、金利優遇や、融資を受ける際に社長の個人保証が不要になる取扱いをしているところもあります。

■委員会

指名委員会、監査委員会、報酬委員会という委員会を置くこともあります。このような会社を委員会設置会社といいます。三委員会の構成員のうち過半数は社外取締役でなくてはなりません。取締役会は業務執行の決定と監督のみをし、実際の業務は「執行役」がすることで、迅速かつ的確な経営を実現しようとする制度です。

(2) 機関設計の種類

以前は、株主総会、取締役会、監査役の三機関があるのが通常の形でしたが、現在では、機関設計の選択肢が広がり、株式を自由に譲渡することができない（非公開会社）でかつ大会社（資本金五億円以上または負債二〇〇億円以上の会社）以外の会社がとり得る形態としては、次の七種類があります。

①　株主総会＋取締役
②　株主総会＋取締役＋監査役
③　株主総会＋取締役＋監査役＋会計監査人
④　株主総会＋取締役＋取締役会＋監査役（＋会計監査人）
⑤　株主総会＋取締役＋取締役会＋監査役会（＋会計監査人）
⑥　株主総会＋取締役＋取締役会＋会計参与
⑦　株主総会＋取締役＋取締役会＋委員会＋会計監査人

＊⑥以外の場合も、会計参与を任意に設置できます。

取締役会、監査役の設置は任意で、取締役一人で「株式会社」がつくれますから、名目だけの役員をおいたりするのは避けたほうがよいでしょう。

（3）組織を作るポイント

■取締役は何人必要？

現在では、会社は取締役一人で設立でき「代表取締役」としてその人の名前を登記できますから、

【機関設計とパワーバランス】

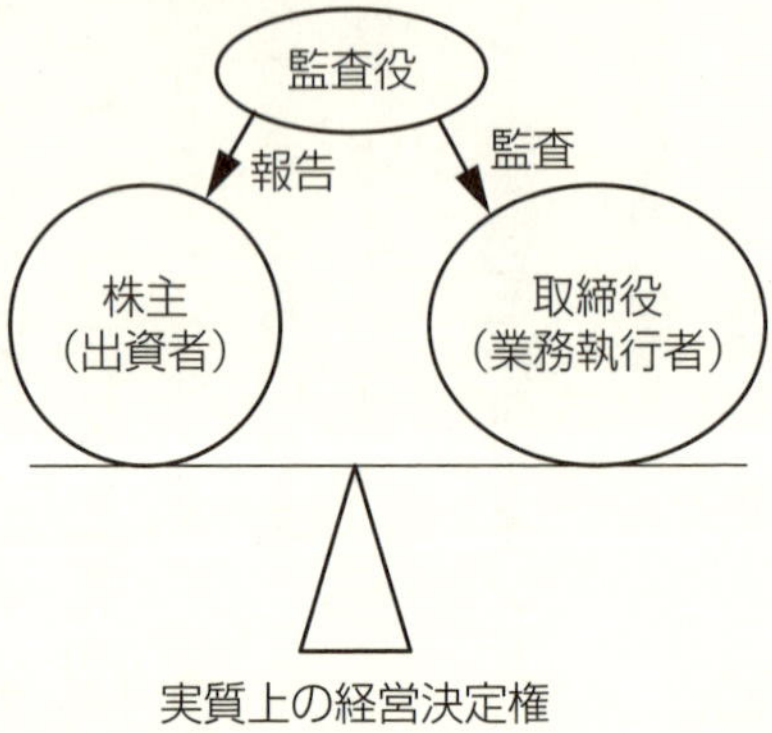

会社としての体裁も整います。

でも、本当に一人でいいのかもちょっと考えてみてください。取締役一人とすると、取締役会を設置することはできません。すると、この場合は株主総会がオールマイティの機関となります。

取締役会がある場合は、株主総会は会社法に規定された事項と定款に定めた事項に限り決議をできますが、取締役会がない場合は、それにとどまらず株式会社の組織、運営、管理など一切の事項を決議することができます。なんでもかんでも株主が口を出せる会社ということですね。

取締役と株主が一致している場合は問題ありませんが、そうではない場合や、将来第三者が出資する予定がある場合は、「誰」が会社の運営を決定するか、出資した株主が決めるのか、それとも実際に業務をする取締役が決めるのか。設立時は身内だけであったとしても将来第三者が出資すること、役員になることがあるのか、会社をどの程度の規模まで大きくしたいのか、これらを慎重に考え、会社の機関を設計する必要があります。

■パワーバランスに注意

株主の関与を減らしたいならば、取締役会を設置し、監査役も置くのがベストです。逆にお金を出資して誰かに経営を任せている場合は、その大株主にとっては63ページの①の形態が一番影響力を及ぼせる形態です。誰が最終決定権を握っているのか、パワーバランスはどうなのかというのは重要な問題です。買収されたり乗っ取られたりすることなどは中小の株式会社には関係ない、と思われるかもしれませんが、案外そうではないようですよ。

■「取締役一人」のリスク

また、外部の目も意識してみてください。取締役一人、役員は「社長」だけの会社。迅速な決定が期待できる半面、「社長」に何かあった場合は、会社の機能そのものが失われる危険性があります。一本では折れた矢が三本では折れなかったという昔話の例ではありませんが、複数の取締役が会社の運営に関与することはメリットがあると思いますし、いざというときの備えにもなります。

ただ、どうしても創立当初は一人オーナー会社でやらざるを得ないときもあります。そんな場合は、「補欠取締役」を選任しておくことをおすすめします。これは、取締役の辞任・死亡により法律・定款で定めた人数を欠く事態になったときは、あらかじめ株主総会で選んでおいた補欠取締役を充当することができる制度で、会社法により認められています。

役員について規定すべきこと

藤田真弓
司法書士

(1) 任期を長くすることの意外なデメリット

役員の任期は、原則取締役二年、監査役四年です。しかし、株式を自由に譲渡できない非公開会社の場合はこれを十年まで延長できます。任期が来ると、同じ人が役員になる場合でも役員変更登記が必要で、登録免許税のほか司法書士に依頼すると数万円のコストがかかります。そのため十年にしておくとメリットがあるように一見思えますが、これも要注意です。

特に、身内以外の第三者が役員になっている場合は、仮に十年の任期にしていて六年目に内輪もめがおき、その役員を辞めさせたいと思ったときは、解任手続をとらなくてはなりません。もし正当な理由なく解任した場合は、損害賠償の問題も起こり得ます。

それから、最後に何かの登記をしたときから十二年経つと、もう事業をしていない休眠会社として、解散したものとみなされますので、いつのまにか会社の登記簿が閉鎖されてしまうリスクもあります。

任期を短くし、そのたびごとに重任手続をするのは、確かに面倒でコストもかかりますが、その都度役員を見直す機会にもなり、また同じ人が役員を継続する場合でも、「任期が続いている」のと「再度選任された」のでは意識も違ってきます。

(2) 簡単に解任されると困る！ そんなときは

取締役は株主総会の普通決議（議決権を行使することができる株主の議決権の過半数を有する株主が出席し、出席した当該株主の議決権の過半数）で解任できることになっていますが、定款に定めることによりこの要件を重くすることもできます。簡単に解任されたら困るな、というときは例えば監査役の解任要件と同様「議決権を行使することができる株主の議決権の過半数を有する株主が出席し、その議決権の三分の二以上の多数」とするのはどうでしょうか。

Column

役員の責任について

会社設立して代表取締役になりました、その日から経営者ですね！　おめでとうございます。でもめでたいことばかりではありません。会社の役員（代表取締役、取締役、監査役、会計参与など）は、場合によっては損害賠償請求されることもあるんです。役員の責任には①会社に対する責任と、②対外的な責任があります。

【会社に対する責任】

役員等が、任務懈怠、つまり職責を充分に果たさなかったこと等により会社に損害を与えた場合については、会社に対し損害を賠償する責任を負います。株主全員の同意や株主総会の特別決議があれば、責任の軽減が認められる可能性はあります。

【対外的な責任】

役員等がその職務を行うについて悪意（わざと）又は重大な過失があったときは、当該役員等は、これによって第三者に生じた損害を賠償する責任を負います。この責任については、対会社の責任と異なり、株主総会の決議等で責任を免除することはできません。

責任が軽減可能なのは、あくまでも対会社の責任です。いずれにしても、役員になるからには相応の責任が生じますね。

（藤田）

オリジナルの「株式会社」を設立しましょう！

藤田真弓
司法書士

役員は一人でいい、資本金は一円でいい、監査役も取締役会も置かなくてもいい、役員の任期は十年まで伸ばせる。株式会社は本当に作りやすくなりました。でも、本当にそれでいいのか、常に気をつけて選択をしてください。

例えば目線を変えて、会社をとりまく法律をつくった政府にとって「いい会社」とは何かを考えてみてください。それは、利益を上げ税金を納めてくれる会社です。政府は会社を設立しやすくして、その中から数社が残ればいいと考えています。生き残るのはどんな会社か。政府は「法令遵守」した会社にはメリットを与える方向で考えています。

例えば、大手銀行が、「会計参与」をおいた会社については、「個人保証」を免除する旨を打ち出していたりします。単なる顧問とは異なり、税理士さんや公認会計士さんも監査について法令上の責任を問われることとなりますので、顧問料もあがり、今まで以上に厳格な関係になるかもしれませんが、それだけに外部に対し会計の健全性をアピールすることができます。

決算公告についても、現状、中小会社では公告しているところは少ないのですが、あえてこれをすることにより、会計の健全性をアピールすることもできるのではないでしょうか。例えば、取引先として同じ条件を申し出ているA・B社があり、A社はきちんと決算公告をし、名目上ではない役員がそれぞれきちんと役割を果たしている、B社はオーナーのワンマン会社で、決算公告もせず役員変更登記もし忘れているような怠惰な会社だった場合、A社が選ばれる確率のほうが高いのではないでしょうか。

ちなみに決算公告をしないと「一〇〇万円以下の過料に処す」と定められています。過料とは罰金のようなものですが、今まで実際に請求をされたというのは聞いたことがありません。ただ、いつ請求されてもおかしくはありません。ご留意ください。

でも、せっかくこれから起業しよう、という皆さんにはぜひ、「過料がいやだからやろう」ではなく、積極的にこれを活用し、「法令順守（コンプライアンス）」が重視され、取引先にもそれを求める大手企業も増えている時代を、悠々と乗り切っていただきたいと思います。

株式会社を設立する時に決めることの一覧は次のとおりです。どんな会社を作ろうか考えてみてくださいね！

【会社設立時に決めることリスト】

登記事項なら○	
○	商号（会社名）
○	目的（事業内容）
○	本店所在地
○	設立に際して出資される財産の価額またはその最低額（資本金） その内訳（現金の額、現物出資するものとその価格）
	発起人の氏名住所、出資額
	設立時の1株をいくらにするか
○	設立時に発行する株数
○	発行可能株式総数（株式を発行できる上限）
△	株券発行する（発行する旨は登記事項）かしないか
○	公告方法
	事業年度（月　　日～　　月　　日）
○	株式譲渡制限規定を置くかどうか 誰が株主を選定するか 　取締役（会）、株主総会、代表取締役
	相続人に対する株式買取請求の規定を置くか置かないか
△	会社の機関はどうするか 　①株主総会＋取締役 　②株主総会＋取締役＋監査役 　③株主総会＋取締役＋監査役＋会計監査人 　④株主総会＋取締役＋取締役会＋監査役（＋会計監査人） 　⑤株主総会＋取締役＋取締役会＋監査役会（＋会計監査人） 　⑥株主総会＋取締役＋取締役会＋会計参与 　⑦株主総会＋取締役＋取締役会＋委員会＋会計監査人
○	誰が役員になるのか （代表取締役、取締役、監査役、会計参与）
	役員の任期は （取締役　　年　　監査役　　年）
	取締役の解任決議は 株主総会の普通決議か、それとも要件を重くするか

Column

会社の会議体と議事録

会社には、その種類に応じて、株主総会、取締役会、監査役会、委員会といった会議体が設置されます。それぞれの会議体で決議すべき事項は、会社法や定款で定められています。

意外と忘れがちなのが、会議体の議事については議事録を作成しなければならないことです。

これらの議事録は、単に、備忘や、役員の重任登記に必要というにとどまりません。

まず、書面で作成することも電磁的記録で作成することもできますが、法律上、会議の日から10年間、会社の本店に備え置いておかなければならず、この間、株主や債権者などに閲覧、謄写されることがあります。また、融資や保証などの重要な取引では、金融機関などの取引先から当該取引に関する議事録の開示を求められることがありますし、創業者がキャピタルゲインを得るため、株式を売却したり第三者に事業を売却したりするときには、通常、過去に遡って議事録の開示が求められます。（六波羅）

設立前にこれだけは！税金の重要ポイントは二つ

木村三恵
税理士

「税金なんて、儲かってからの話」だと思っていませんか？

実は会社設立の際に税金に関することで気をつけておかなければならないポイントが二つあるのです。この点については、できれば設立の際に税理士さんに相談されることをおすすめします。それくらい重要なポイントになります。

(1) 資本金が税金の運命を分ける!?

気をつけるべきポイントのひとつが「資本金」です。資本金の額によって、その後の税金が変わるものがあるのです。そのうち、一、〇〇〇万円というラインで税金が変わるものが二つあります。

■消費税

会社を設立して二期目までは、消費税の納税を免除してもらえるのですが、資本金が一、〇〇〇万円以上の会社は、免除してもらえないという決まりがあります。消費税については後述（98ページ参照）しますね。

■法人地方税の均等割

法人地方税の均等割とは、儲かっても儲からなくても納める税金で、地方自治体によって、そして法人の資本金の額によって変わってきます。資本金が一、〇〇〇万円を超えると年間の金額が十万円弱増えることがありますので注意が必要です。

（2）決算期は税理士が暇な時期に

もうひとつのポイントが決算期です。決算期の決め方には、会社が暇な時期にする、親会社と合わせるなどいろいろな方法が考えられるのですが、税理士が暇な時期にすると対応がよくなる可能性が高い、ということも念頭に置いていただくとよいでしょう。

これは、一見くだらないことのように思えるかも知れませんが、税理士さんの対応がよくなるというのは、非常に重要なポイントになります。なぜなら、税理士さんにゆとりがあれば、その会社の状況に合わせた的確なアドバイスや、節税方法なども一緒になって考えてくれる可能性が高くなるからです。

資本金も決算期も、会社を設立した後に変更すると手間も費用もかかりますから、事前に考えておくとよいでしょう。

設立後、経営開始前の手続あれこれ

平林亮子
公認会計士

(1)　まずは銀行口座

■早急に口座を開きましょう

株式会社の設立登記が終了し、登記簿謄本と印鑑証明書を入手したら、銀行の口座を開設しましょう。

会社名義の銀行口座を開設するには、個人の預金口座を開く場合に比べて期間を要する可能性があります。銀行内で審査があるからです。なおそもそも取引をしたことのない銀行で口座を開こうとすると、銀行側からいろいろと質問をされることもあります。

そのため、できれば事前に銀行口座を開くために必要な書類を問い合わせておき、登記が終了したら早急に銀行口座の開設手続をとることをおすすめします。

なお、オフィスの近くの銀行に口座を持つと便利ですが、ベンチャー企業や地域の企業の強い味方である信用金庫の利用を検討してもよいでしょう。

■インターネットバンキングのススメ

口座を開設したら、インターネットバンキングの設定をすることもおすすめします。会社を設立すると、経費などさまざまな支払いがあり、そのたびにいちいち銀行やATMに行くのでは、肝心の経営に時間を使うことができません。

インターネットバンキングを利用すれば、オフィスにいながらにして振込や残高照会もできますから、非常に便利です。

企業向けのインターネットバンキングは、個人向けのサービスよりも手数料が高い場合がほとんどです。しかし、その手数料を支払っても、それ以上に便利だと思いますよ。

(2) 税務関連の届け出をしましょう

■絶対に忘れないで！　青色申告の届出

届け出すべきものについては一覧でまとめてありますが（80ページ参照）、その中でも絶対に忘れてはならないのが、「青色申告の承認申請書」です。

会社の設立日以降三ヶ月以内に提出しないと一期目の特典を受けられませんから、これだけは忘れないようにしましょう。

■源泉所得税の特例の申請書は資金繰りを考えて

もう一つ、届出を検討すべきであるのが「源泉所得税の納期の特例の承認に関する申請書」です。内容は後述（95ページ参照）しますが、これを提出すると、本来毎月納付すべき社長及び従業員の給料から天引きした源泉所得税を、半年に一回納付すればよくなります。

資金繰りとの関係もあるので、絶対に提出すべきとは言いませんが、当面、たくさんの従業員を雇うことなく経営する予定である、ということであれば、提出を検討されるとよいと思います。

(3) 労務関係の届け出も忘れずに

■社長は、会社で社会保険の適用を受けるのが原則

従業員を雇う予定がなくても、株式会社を設立し経営者が会社から給与を受け取る場合には原則として、①給与支払事務所開設届を税務署に、②健康保険・厚生年金保険新規適用届を社会保険事務所に提出する必要があります。社会保険は、主たる給与を受け取っている会社で加入すればよいので、経営者が他の会社などから給与を受け取っている場合には、②の届け出は必要ありません。

しかし、経営者が新しく設立した会社からのみ給与を受け取るような場合には、社会保険に加入しなければなりませんから注意が必要です。

会社の規模が小さいからといって、国民年金にするか厚生年金にするか選択できる問題ではない

ということ。そのため、労務関係の届け出も必ず必要になるものだと思って動いてくださいね。

■社会保険は引き落としがリーズナブル

社会保険料は源泉所得税と同様に毎月の給与から天引きし、会社が負担する分と合わせて社会保険事務所に納付します。毎月納付する必要があるので、口座引落の手続をとっておくと便利です。

口座引落にすると、自動的に支払われるため支払いに対する意識、つまりコスト意識が薄れてしまうというデメリットがあります。しかし、社会保険料は自助努力で削減されるものではありませんし、毎月の手間を考えると引き落としになっている方がリーズナブルでしょう。

(4) 設立時の書類をきちんと保管しましょう

会社設立時の書類は、設立時の書類として一式、きちんと保管しておきましょう。設立時の定款、設立時の謄本、税務署や社会保険事務所への届出書類の控えなどは、会社の節目節目で見直す必要が生じることもあります。会社の経営者を見ていると、①書類などの整理がとても苦手②書類などの管理が過剰、の両極端のタイプが多いように感じます。

苦手な人はとにかく書類を処分せず、書類を手に入れた順に封筒などに入れ保管しましょう。そして、決算の際などに税理士さんと相談しながら余分な書類を処分してはどうでしょうか。

得意な人は、書類の管理が目的にならないよう、気をつけましょう。

Column

税務調査ってどんなもの？

会社を設立したら気になるのが税務調査ですよね。

税務調査と聞くと、昔「マルサの女」という映画で描かれていたコワイ捜査風景を思い描くと思いますが、あれは、脱税の証拠がある程度上がっていて、捜査令状が出されているような「強制調査」。一般の法人が受ける調査は「任意調査」なので、あんなことはありませんのでご安心ください。

税務調査のこころがまえですが、

① 納税者と税務署職員は対等である

不必要なまでにへりくだる必要はありませんが、反対に、高圧的だったり無礼になるのもやめましょう。お互い法律に基づいて権利と義務を行使しているにすぎないという意識をもってください。税務署の職員の税務知識が完璧なわけではありませんから、言いなりにはならないようにしましょう。

② 感情的にならない

一方的に質問されるのは、あまり気分のいいものではありませんよね。ましてやお金のことをあれこれ聞かれると必要以上に感情的になってしまうことがあります。

感情的な時にかぎって言わなくてもいいことを言ってしまいがちですので、淡々と質問にきっちり答えるようにしましょう。

③ 3年分の書類を整理しておく

税務調査は過去3期分の調査ですから、忘れていることを聞かれることも多いです。書類の整理は日頃からきちんとしておきたいものです。

（木村）

【届出の書類リスト】

	何	を	どこへ	いつまでに
□	法人設立届出書		税務署	会社設立～2ヶ月以内
□	青色申告承認申請書	欠損金を9年間繰り越すことができるなど利点があります	税務署	会社設立～3ヶ月以内、または第1期事業年度が終了日のいずれか早いほうの前日まで
□	消費税の新設法人に該当する旨の届出書	資本金1,000万円以上の法人に限ります。	税務署	速やかに
□	源泉所得税の納期の特例の承認に関する申請書	従業員10人未満の会社が、源泉徴収納付を半年に1回で済ませるための手続	税務署	特例を受ける月の前月末日まで
□	都道府県、市区町村への法人設立届	県税事務所：法人等の設立等報告書 市区町村役場：法人設立届出書		会社設立～1ヶ月以内
		＊東京23区内に本店がある場合 →都税事務所のみへ事業開始等申告書		事業開始の日から15日以内
□	給与支払事務所開設届		税務署	原則として会社設立～1ヶ月以内
□	健康保険・厚生年金保険新規適用届	健康保険・厚生年金保険・介護保険 ＊事業主、役員も法人から報酬を得ている場合は加入しなければなりません	年金事務所	原則として事業開始日から5日以内

従業員が1人でもいる場合には

□	適用事業報告		労働基準監督署	従業員を雇用してからすぐ
□	労働保険関係成立届		労働基準監督署	従業員を雇用してから10日以内
□	雇用保険適用事業所設置届	従業員を採用した場合に、雇用保険の適用事業所となったことを届け出ます	ハローワーク	労働保険の加入手続後すぐ

第3章
お金の管理が不安！

こんな税金がかかる！

法人税、基礎のキソ

会計は何のためにあるのか？

面倒なわりに誰も教えてくれない源泉所得税

納められない会社が多い！　消費税

こんな税金がかかる！

木村三恵
税理士

会社を設立すると色々な税金がかかってきます。メジャーなところでは、法人税、法人県民税（市民税）、法人事業税、消費税、うっかりしやすいのが源泉所得税、印紙税、固定資産税。

ほとんどの人が起業するまで知らない税金が償却資産税や事業所税でしょうか。償却資産税や事業所税は事業規模によっては課税されないので、課税されるときになってびっくりしないようそれぞれ納付する役所や納付する時期をまとめておきましたので、参考にしてください。

会社に勤めていれば、特に意識しなくても、会社が税金を計算して、納税してくれます。しかし、起業して会社をつくったあとは、勤め先がすべてを管理してくれていた時とは大きく異なってきますので注意が必要です。

まず、基本的にいつ何を納付するかの管理は自分でしなくてはなりません。期限のぎりぎりになって、「え、そんなにかかるの？」ということにもなりかねないので、納税額はなるべく正確に見積もっておくといいでしょう。納税の管理をする表をつくってみるのもいいかもしれませんね。

【会社の税金】

名前	区分	納付先	納付期限	コメント
法人税	国	税務署	事業年度終了の日から2月以内に申告納付（原則）	
法人都道府県民税	都道府県	都道府県税事務所	事業年度終了の日から2月以内に申告納付（原則）	
法人市町村民税	市町村	市町村役場（東京23区は都税事務所）	事業年度終了の日から2月以内に申告納付（原則）	
消費税	国	税務署	事業年度終了の日から2月以内に申告納付（原則）	
源泉所得税	国	税務署	給与等を支払った日の翌月10日までに	給与の源泉税については半年に一度の納期の特例があります。
特別徴収住民税	市町村（社員の住所を管轄する）	市町村役場	毎月翌月10日まで	毎年1月31日までに前年の所得を社員の住所地を管轄する市町村におくると納付書がおくられてきます。
印紙税	国	―		印紙を購入し、書類に貼付、消印することにより納付したことになります。
償却資産税	市町村	市町村役場（東京23区は都税事務所）	1月31日までに申告、6、9、12、2月に納付（自治体による）	パソコンなどの備品に課税されます。合計150万円未満は免税。
事業所税	市町村	市町村役場（東京23区は都税事務所）	事業年度終了の日から2月以内に申告納付	従業員100名以上又は事業所面積1000 m^2を超えると課税されます。

【納税管理表の例】

年	月	法人税等		消費税		源泉所得税		その他		
		期限	金額	期限	金額	期限	金額	期限	内容	金額
×1	1					1月20日	25万円			
	2									
	3	決算月								
	4									
	5	5月31日	14万円	5月31日	25万円					
	6							6月30日	固定資産税	30万円
	7					7月10日	25万円			
	8									
	9									
	10									
	11									
	12					年末調整				
×2	1					1月20日	35万円			
	2									
	3	決算月		決算月						
	4									
	5	5月31日	25万円	5月31日	45万円					
	6							6月30日	固定資産税	30万円
	7					7月10日	25万円			
	8									
	9									
	10									
	11									
	12					年末調整				

法人税、基礎のキソ

木村三恵
税理士

(1)　法人税とは

法人税というのは、法人の所得に対して課せられる税金で、国に対して支払うものです。同じ時期に、法人事業税、法人県民税、法人市民税を、それぞれ都道府県と市町村に支払わなくてはいけないことになっています。これらの地方税は、法人税の計算をもとに計算されるので、ワンセットで一つの手続だと考えるといいでしょう。

(2)　みんな誤解している!?　申告納税方式

法人税は、申告納税方式という制度をとっています。

納税者、つまりあなたの会社が、法人税法に基づいて、税金を計算して納めるという方法です。

何故、こんなことを書くかといいますと、皆さんの中にちょっとした誤解があるように思うからです。

【法人税率表】

単位：％

課税所得	法人税	法人事業税及び地方法人特別税	法人住民税	法人税等(合計)
400万円以下	16.5	5	2.6	24.1
800万円以下	16.5	7.3	2.6	26.1
800万円超	33	9.6	5.2	47.8

※東京23区内にある資本金1億円以下で年間の所得が2,500万円以下の法人の場合（平成27年3月31日開始事業年度迄）

税金は、法律に基づいて自らの意思で納めるもので、決して税務署に無理やりとられてしまうものではないですし、我々税理士が勝手に決めるものでもないのです。

法律をどう解釈するか、どう判断するかは、あなたの会社にまかせられているわけです。税理士は、その判断のベースになるための情報を提供するのが仕事ですし、税務署は、あなたの判断が税務署側の解釈と異なっていないかをチェックするのが仕事。是非、ご自分なりの見解をもてるように、法人税の知識を増やしていってください。

（3）どうやって計算する？

法人税等（事業税や市県民税をふくめたお話をします）は、それぞれの決算期ごとに計算された課税所得に税率をかけて計算されます。

「課税所得」は、利益とほとんど一緒ですから、税金納付前の利益に税率をかけると概算の法人税が算出できることになります。

法人税等＝（収益－費用±法人税の調整）×法人税等税率

レストランを例にとってお話しましょう。税率は30％とします。レストランにとっての収益は、お店での売上ですね。これが、仮に年間一、〇〇〇万円とします。

費用にはどんなものがあるでしょう。食材、ワイン、ウエイター、ウエイトレスさんの給与、コックさんの給与、社長の給与、水道代、お店の家賃などこれらが合計で、一、〇〇〇万円だったとします。そうすると、一、〇〇〇万円－一、〇〇〇万円＝〇で、法人税の調整がなければ、基本的には法人税はゼロになりますね。

もし、このレストランの収益（売上）が一、五〇〇万円だったら、どうなるでしょう。

（一、五〇〇万円－一、〇〇〇万円）×三〇％＝一五〇万円となり、一五〇万円を法人税等として支払うことになるのです。

つまり、会社にとって利益があがるのはうれしいことですが、利益が増えると同時に税金も増えるので、やっぱり利益は少ない方がいいのかしら、という悩みを抱えることになります。

「税金でもっていかれるくらいなら、無駄遣いしてやる！」と豪遊する経営者もいますが、利益がでていない会社に融資はおりませんし、信用もされませんから、経営方針に合った対処が重要になります。

(4) 費用だけど費用じゃない!?――法人税の調整額

法人税の調整にはどんなものがあるのかといいますと、「寄付金」「一定の役員報酬」「役員賞与」「罰金」……などがあげられます。

寄付金を例にあげて説明しますね。先ほどのレストランでは「収益一、〇〇〇万円－費用一、〇〇〇万円＝利益〇」でした。だから、法人税等はゼロという説明をしました。

しかし、この費用のうちに、寄付金が一〇〇万円含まれていたとしましょう。資本金一千万円の会社では、寄付金一〇〇万円のうち一万二五〇〇円までしか法人税法上の費用として認められず、九八万七五〇〇円が費用から除外されることになるのです。つまり、

収益一、〇〇〇万円－費用一、〇〇〇万円＋調整九八万七五〇〇円＝課税所得九八万七千円（千円未満切捨）。

九八万七千円円×税率三〇％＝二九万六一〇〇円が法人税等となることになります。

このように、決算書を作成するうえでは費用となるにもかかわらず、法人税の計算上、調整を加えることを「申告調整」といいます。「申告調整」には主に「損金不算入」と「益金不算入」の二

種類があり、寄付金のように税金の計算上費用にならないものを損金不算入といいます。「損金不算入」は課税所得を増やすように調整し「益金不算入」は課税所得を減らすように調整します。

本書では、各々の規定の内容について解説することはできませんが、法人税の計算の大まかな考え方だけ頭に入れてください。

ヤフーやグーグルなどで「損金不算入」「益金不算入」をキーワードにして検索をかけると、法人税だけに特有な調整がある項目の詳しい内容が出てきますので、もっとくわしく知りたい人は、そちらをご覧になってください。

（5）　赤字が出たら

赤字が出た場合は、その期の法人税はゼロになりますが、その翌期に黒字がでたらどうなるのでしょう。

青色申告をしている場合には、赤字は九年間繰越できることになっています。

例えば、設立初年度に一〇〇万円の赤字がでて、その翌期に五〇万円の黒字がでました。この場合、五〇万円に税率をかけるのではなくて、今年の黒字五〇万円－前期の赤字一〇〇万円＝五〇万円の赤字となり、課税所得はゼロになりますので、法人税はゼロです。そして五〇万円の赤字が繰り越されることになります。

もし、その翌期に黒字が二五〇万円出たとしたら、黒字二五〇万円から繰り越された赤字五〇万円を引いた、二〇〇万円に税率をかけて税金が決定されることになります。

(6) 赤字でもかかる税金はある! 均等割

最後にもうひとつ、均等割という税金について説明しておきます。

法人税等は、国に納める法人税と地方自治体に納める法人住民税に大きく分けられます。前述したようにこれらは、法人の所得に課せられる税金なので儲かっていなければ税金はかかりません。

しかし、法人住民税については、赤字でも会社がある限り支払わなければならない税金があります。これを均等割といいます。

各自治体で若干金額が異なりますが、東京都二三区の場合ですと、資本金が一、〇〇〇万円以下でかつ従業員数が五〇人以下の事業所は、年間七万円の均等割(都と区を合わせて)が、利益にかかわらずかかってくるのだと覚えておいてください。

資本金が一、〇〇〇万円を超えた場合や従業員数が五〇人超の場合については、それぞれの自治体のホームページをご覧になってくださいね。

会計は何のためにあるのか？

木村三恵
税理士

(1) 税金計算のためだけじゃない。会計の重要性

会計帳簿や財務諸表が何かということは、みなさん何となくお分かりかと思いますが、「何のためにあるのでしょう？」と質問すると、なかなか答えが返ってこないものです。

私が税理士だからでしょうか、「だって税金払わなければならないでしょう。」とお答えになる人が多いのですが、実は会計というのは、決して税金の計算のためだけにあるのではないのです。

(2) 財務会計と管理会計

会計の目的は、大きく二つに分けることができます。①ひとつは、法律を守るため、②もうひとつは、経営の役に立てるため、です。

法律というのは、例えば税法、会社法。

会計は税金計算のために必要ですし、株主などの投資家もしくは銀行や仕入先などの債権者がい

ますので、その人たちが会社の状況を知ることができるように法律が定められたりしています。

経営の役に立てるため、というのは、例えばどの商品を伸ばしていくのか、従業員を雇ってもペイするのかなどを判断するためということ。その資料としての会計です。

この二つは実は、全く異なるものなのですね。

例えば喫茶店を二店舗経営したとして、片方の店は赤字、もう一方は黒字、合わせると収支トントンだとします。

税金計算のための会計であれば、その最終的な収支トントンの数字だけがあればいいのですが、自分が経営判断に使おうと思ったときには、どの店が赤字で、その理由は何か、時間帯の売上や、従業員の単価計算など、さまざまな観点から帳簿をつける必要が出てくるでしょう。

法律の要請で行われる会計を財務会計（制度会計）、経営の羅針盤の役割を果たす会計を管理会計といいます。これらは、同じ資料ですむ場合も、全く異なる数字の体系を持つ場合もあります。

ですから、経営者が会計の知識を身につけようとするとき、まず最初に知っておいてほしいことは、細かい会計の知識というよりも、これらが違うものだということです。

そして、会計の本を読むときにも、「財務会計の本なのかな？」「管理会計の本なのかな？」ということを意識されるといいと思います。起業をする人は、経理の細かいことに精通するよりも、経営に生かすための会計って何だろうということを学ぶといいでしょう。

面倒なわりに誰も教えてくれない源泉所得税

木村三恵
税理士

(1)　働き方が変わった

近年「働き方が変わった」と感じることがあります。それは、クライアントさんの源泉所得税の処理をしているとき。

アルバイトでも正社員でもない、組織に属さないフリーランスの方（個人事業主）が増えたな、というのが最近の私の実感です。そして、会社側もそれにあわせて、源泉所得税を引く必要があるのかないのか、判定する必要があるので大変です。

(2)　源泉所得税とは

源泉所得税というのは、給与や報酬などを支払う者がその支払いをするときに、国の代わりに所得税を徴収して、これを国に納めるというもの。

おそらく、会社員経験のある人ならば、給与から所得税が差し引かれていたことを覚えていらっしゃいますよね?

差し引かれた税金は、会社を経由して、税務署に納められていたんですね。

今度は、その事務処理をするほうの立場に変わることになります。

例えば、一月の給与五〇万円で、源泉する所得税が仮に四万円だとすると、四六万円を従業員に支払い、四万円を二月十日までに税務署に納めることになります。

会社が税金を納めるので、何となく会社が損をした気分になるという話をききますが、会社にとっては五〇万円を二つにわけて支払っているだけの話。損得はありません。

ときどき、「従業員全員に確定申告させるから、税金を引かなくてもいいですか?」と聞かれることがあるのですが、源泉徴収とその納税義務は会社にあります。それを怠ると、たとえ全員が確定申告をしても、会社に罰金が課せられる可能性もあります。

しかも、預っているものを納付していないとみなされてしまうため、罰金が重く、税額の五%(調査などで発覚したときは十%)の罰金をとられてしまいますので、面倒だとは思いますが、きちんと処理をしてくださいね。

源泉徴収すべき金額は、「源泉所得税税額表」にまとめられています。これは、国税庁のホームページに公表されていますが、URLは毎年変更になりますので、最新のものであるかどうかに注意しましょう。改正があるたびに案内書類が会社にも送られてきますので、源泉する金額を調べたいときにはその表を利用してください。

（３）半年に一度でＯＫ！　納期の特例

源泉所得税は、原則として従業員の給与から毎月徴収し、翌月十日までに納付しなければなりません。しかし、源泉所得税を毎月納めるのは大変だろうということで、従業員が十名未満の会社の場合は、半年に一度の納税ですむ納期の特例が認められています。

一月から六月までの源泉所得税を七月十日までに、七月から十二月までの源泉所得税を一月二〇日までに納付すればよいという特例です。

「源泉所得税の納期の特例の承認に関する申請書」
http://www.nta.go.jp/tetsuzuki/shinsei/annai/gensen/annai/pdf2/205.pdf

これを提出すれば翌月から特例の適用を受けられます。事務作業がかなり緩和されると思います。ただし、一点だけお伝えしておきたいことがあります。預っている税金も半年ためると結構な金額になります。毎月だったら支払えたはずが、半年に一度だとかえって資金繰りが厳しくなってしまうことも。資金繰り表などに記入することを忘れないでください。

(4) 年末調整について

会社員経験者であれば年末調整を知っている人がほとんどだと思います。

年末調整というのは、その年の最後の給与を支払う際に、毎月源泉してきた所得税の合計額と、給与の合計額に基づいて再計算した所得税の金額を比較して、その差額を還付又は徴収して税務署に納付する業務をいいます。

社長一人の会社の場合を例に説明します。社長の給与が月五〇万円、源泉所得税が仮に月四万円だとします。年間の給与は、五〇万円×十二月で六〇〇万円ですね。

六〇〇万円を元に、支払った社会保険料であるとか、生命保険であるとか、扶養親族の数や年齢を元に計算する扶養控除額を控除して最終的に今年の所得税を計算します。これが、仮に四〇万円だったとしましょう。

毎月預った源泉所得税は、四万円×十二月＝四八万円ですから、四〇万円－四八万円＝▲八万円という預りすぎの状態になってしまいます。この預りすぎの八万円を社長本人に還付することになります。結局

社長への年間の支払い額は（五〇万円－四万円）×十二月＋還付額八万円＝五六〇万円

税務署への支払額は四万円×十二月－還付額八万円＝四〇万円

となり、給与六〇〇万円を社長と税務署に分けて支払うことになるのです。

給与の合計額をもとに計算する所得税の計算については、年末に税務署から送られてくる手引きを元に計算することができますが、年に一度しかしない業務であるためアウトソーシングするという方法もあります。

(5) 引く？　引かない？　報酬の源泉所得税

今までは給与に関する源泉所得税についてお話してきましたが、会社が源泉所得税を徴収して支払わなくてはならないものは、他にもあります。

まず、代表的なものとして、私たちのような士業に対する支払いや、原稿料や講演料などの支払いがあげられます。

これらについても、会社側が納税の義務者ということになりますので、たとえ支払いを受ける人が「源泉所得税は差し引かないで」といっても引き忘れたときの罰金は会社側が支払わなくてはならないので気をつけてくださいね。

報酬の源泉所得税は引くべきか引かなくていいのか判断が難しいものですので、個人に対する支払があったときには、税理士や税務署に確認なさるといいと思います。

納められない会社が多い！　消費税

木村三恵
税理士

（1）消費税は突然やってくる

先日のことです。第三期の決算の数字を説明するためにある会社に伺いました。まだまだ、コスト先行のその会社、法人税は〇円で、唯一かかるのは均等割（地方税）の七万円だけでした。今までは……。

そうです、第三期からは、恐るべし、消費税の納税があるのです。

そして、その金額は、約六〇万円。

えっ、僕の一ヶ月の役員報酬と同じ金額が消費税でもっていかれるなんて。

会社を経営していて、いちばん納税額が多くなるのが消費税である会社は少なくありません。

（2）消費税とは

消費税は、消費者が最終的に支払う税金です。

【消費税の仕組み】

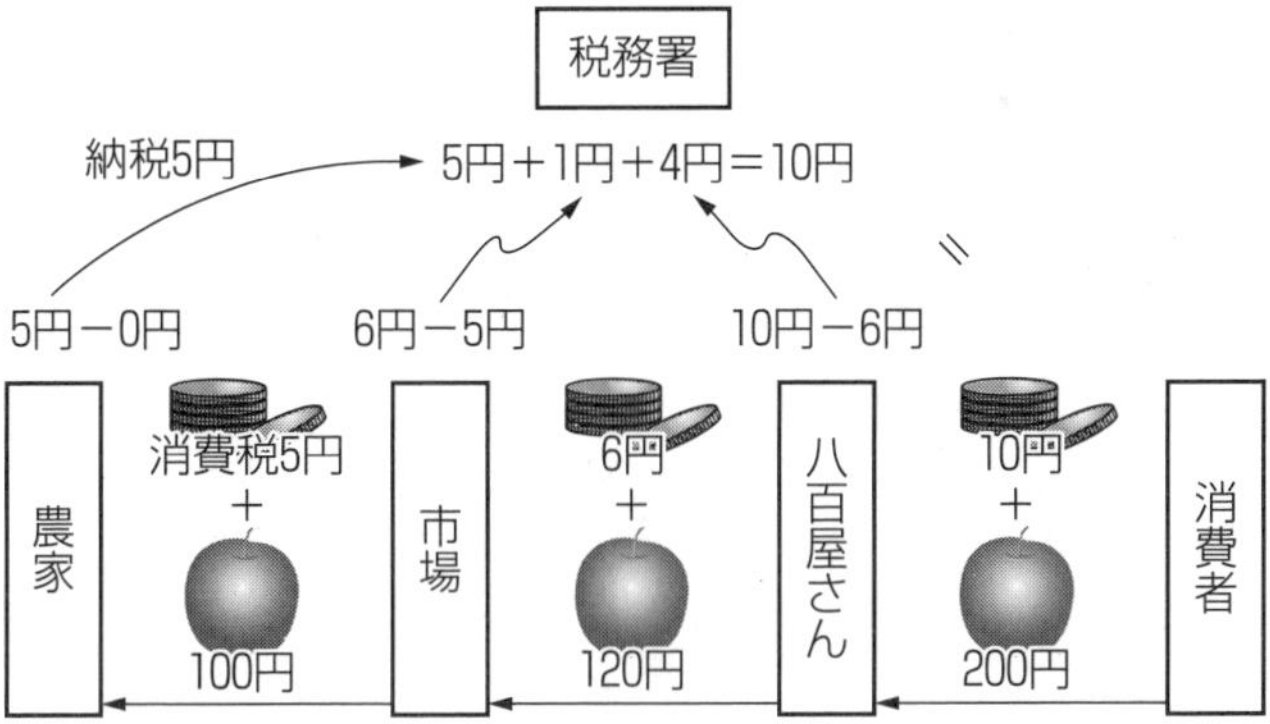

起業されたあなたは、単に預った消費税と先払いした消費税の差額を税務署に納めるだけ。というのは、理屈の話。

いったん自分の懐にはいった消費税は、自分のお金の感覚になってしまうのはどうしようもなく、支払うときにはお金がないというのは、本当によくあるケース。

また先にご説明したとおり、資本金が一、〇〇〇万円未満の会社は設立一期目、二期目は消費税を納税する義務がありませんから、三期目になってショックを受けることが多いのです。

消費税の仕組みはこんな風になっています。

例えば林檎にかかる消費税で考えてみましょう。

農家さんが代々植えられている林檎の木から林檎を市場に出荷します。

一個一〇〇円だとすると一〇〇円の売上に五円の消費税を足した一〇五円を市場から受け取ります。農家さんは預った消費税五円を税務署に納めます。

市場で八百屋さんが林檎を一二〇円で仕入れると、市場の人は消費税を含めた一二六円の現金を受け取ります。市場の人は六円－五円＝一円を税務署に納めます。

八百屋さんは私たち消費者にそれを二〇〇円で売ると、消費税を含めて二一〇円の現金を受け取ります。八百屋さんは十円－六円＝四円を税務署に納めます。

税務署に納められた消費税は、農家さん五円＋市場さん一円＋八百屋さん四円の合計十円、これを負担しているのは、誰でしょう？

そう、消費者としての私たちが二〇〇円と十円を支払うことで負担しているのです。

さて、起業したあなたは、個人としては消費者ですが、あなたの会社は事業者ですので、八百屋さんや農家さんの立場です。消費税を負担することはありませんが、消費税を預って納付する役割を持つということになります。

(3) なぜ消費税は難しい？

そうはいっても規模が小さな事業者が、消費税の金額を計算するのは大変。

だって、売上に入っている消費税と仕入れに入っている消費税を集計しなくてはならないのです。

売上に対する消費税は簡単なんですけどね、仕入れの方が大変。

それはなぜかというとこんな理由です。

仕入れに含まれる消費税というと、先ほどの林檎の例だと、林檎だけのような気がするかもしれませんけど、実際には、例えば八百屋さんが林檎を運ぶトラックにも、林檎を売る店の家賃にも含まれているし、反対に、アルバイトや保険料などには、消費税は含まれていないのですね。

それぞれの取引に消費税がかかる理由、かからない理由があるのですが、それを区分するのは、経理の担当者がいないとちょっと難しいですよね。

そのため、一定の売上規模の会社には納税を免除してくれたり、計算を簡単にさせてくれる決まりがあります。

具体的には前々期の売上が一、〇〇〇万円以下の会社は、消費税を納める必要がありません。

会社を設立して二期目までは、前々期がないことになるので、消費税を納める必要はないのですが、資本金一、〇〇〇万円以上の会社や前期の上半期の売上が一、〇〇〇万円を超える会社は、例外的に納税する必要がありますので注意が必要です。

なお、前々期の売上が五、〇〇〇万円以下の会社は、簡単な計算方法で納税することができます。

(4) 簡単な計算で申告

簡単な計算方法で申告することを簡易課税といいます。

原則的な計算方法だと、売上、仕入れに含まれる消費税を全て計算しなくてはなりませんが、簡

【業種ごとの簡易課税】

事業区分	納税割合	該当する事業
第一種事業	10%	卸売業
第二種事業	20%	小売業
第三種事業	30%	農業、林業、漁業、鉱業、建設業、製造業(製造小売業を含みます。)、電気業、ガス業、熱供給業及び水道業
第四種事業	40%	第一種事業、第二種事業、第三種事業及び第五種事業以外の事業をいう。具体的には、飲食店業、金融・保険業など
第五種事業	50%	不動産業、運輸通信業、サービス業(飲食店業に該当する事業を除く)

易課税の場合は、売上に含まれる消費税の計算だけをすれば、納税の計算ができてしまいます。

売上に含まれる消費税の額を計算して、それに業種ごとに決められている割合をかけて計算するんですね。

業種ごとの割合は上の表のようになっています。

例えば、雑貨小物のお店を経営する場合は、小売に該当するので、年間の売上が二、〇〇〇万円だったら、消費税は五％の一〇〇万円。一〇〇万円の二〇％の二〇万円を納税することになります。

簡易課税を選択するかどうかは、基本的には、会計期間が始まる前日までに消費税簡易課税制度選択届を税務署に提出しなくてはなりません。ただし、設立一期目は、その期の終わりまでに提出すれば足りることになりますので、どちらが得になりそうか、税理士にシミュレーションしてもらい、この制度を

【輸出事業と消費税】

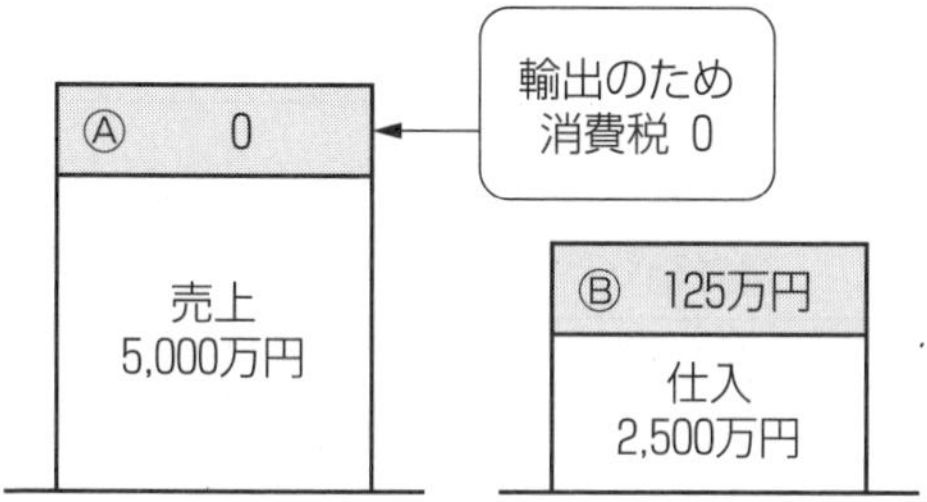

Ⓐ－Ⓑ＝△125万円 還付

賢く利用してください。

(5) 消費税は還付してもらえることも！

消費税は、売上に含まれる消費税から仕入れに含まれる消費税を引いた金額を納付するとご説明しました。

この制度を利用して、消費税の還付を受けられることがあります。

■輸出事業をしているとき

輸出事業をしているときは、売上がすべて海外の方に対してのものである場合、売上には消費税が含まれない一方で、仕入れは国内で行っているのですから、仕入れには消費税が含まれていることになります。

その場合、上図のように、仕入れに含まれる消費税のほうが多いため、それを還付してもらえることになります。

■大きな資産を購入したとき

大きな資産を購入したときとは、例えば自社ビルの購入をする

【資産の購入と消費税】

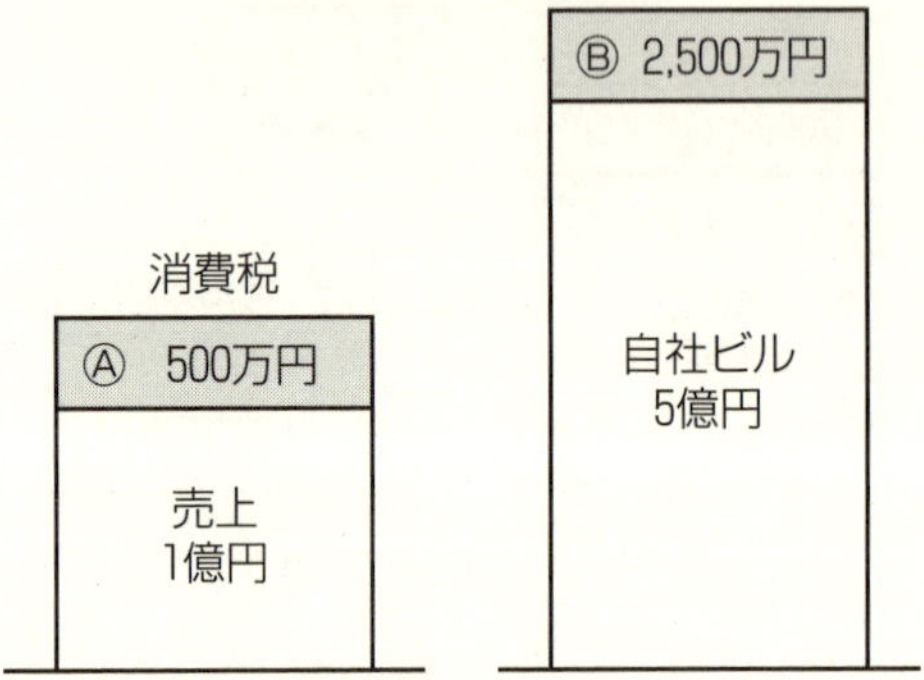

Ⓐ－Ⓑ＝△2,000万円 還付

ときなどです。

例えば売上が一億円の会社が、五億円の自社ビルを買ったら、その買った期の消費税は、上図のようになり、還付を受けることが可能です。

■還付を受けるためには

上記の話は、消費税の納税義務者で原則課税の法人だけが受けられるものですので、消費税の免税事業者（前々年の売上が一、〇〇〇万円以下である法人）や、簡易課税の適用を受けている法人にはあてはまりません。

その場合には、わざわざ納税義務者となる届出を出さなくてはならなかったり、簡易課税の適用をとりやめる手続きをしなくてはなりません。

ですから、大きな資産を購入するときや、これから、輸出業を始めるというときは、事前に税理士に相談してくださいね。

第4章
人とうまくやっていく自信がない！

人が欲しい！　そんなときは

人を雇ったら

手続のタイミング

「給与」と「退職金」について

労働環境の整備における会社側の法的リスク

就業規則作成のススメ

人が欲しい！　そんなときは

石井清香
社会保険労務士

(1) 正社員とそれ以外の従業員、どう違う？

さて、実際に従業員を雇う時、どういう条件で採用するかを考えますよね？

正社員、契約社員、派遣社員、パート、アルバイト…どのような従業員を採用するかが問題になると思いますが、それぞれの違いがわかるでしょうか？　実は「有期契約」であるか「無期契約」であるかの違いなのです。

ただ、正社員、パートタイマー、アルバイトといった用語は、雇用慣行から生まれたもので、法律上の厳密な定義はありませんので一応の分類として理解してください。

なお、派遣社員の利用は派遣会社との契約になります。

正社員	一般的に長期雇用を前提に期限の定めのない労働契約を結んでいる従業員のことです。
	有期の期間での労働契約を結んで職務に従事する従業員のことを言いますが、それ自体い

契約社員	ろいろな雇用形態を含んでいます。パートタイマーを契約社員と呼んでいる企業もありますし、労働条件を低く抑えることを目的として契約社員という呼称をつけて雇用している場合もあります。ただ、注意すべきなのは、契約書も交わさず、更新を繰り返し、無期契約と同じような状態になっていたり、契約更新を期待させるような言動をした場合、雇い止めが無効となる可能性が高くなるということです。また、五年を超えて契約を反復更新した場合、従業員が無期契約へ転換する権利を得ることができます。
パートタイマー	所定労働時間または、所定労働日数が正社員に比べて短いまたは少ない従業員です。よく「パート」という名称で使われていても、実態としてはフルタイムの労働をしているのを見かけます。これは、純粋な意味でのパートタイマーではなく、むしろ正社員に準じたものと認められる可能性が高くなります。
アルバイト	通常の従業員の補填、または、時間外、深夜の時間帯の勤務などの特定の勤務を行うもので、パートタイマーに比べても労働時間帯や労働契約の期間が不規則、不定期なものとなるのが通常です。
派遣社員	派遣元（いわゆる派遣会社）が派遣先と派遣契約を結び、派遣元は派遣労働者と労働契約を結ぶことにより、派遣先での労働に従事する派遣労働者のこと。派遣先と労働者は労働契約を結んではいませんが、労働時間や休憩、休日、深夜業や安全管理体制などについては派遣先の管理責任となります。

アルバイトの多くは学生となりますが、今日では、学校卒業後も自らの意思で定職には就かず、学生時代と同様のアルバイト的な仕事を続ける人がおり、このような人を通常「フリーター」と呼んでいます。

（2） 雇うときに必要なのはこれ。書類いろいろ

■労働条件通知書

どういう条件で採用するかを決めたら、労働条件通知書を明示してお互いに労働条件の確認をすることになります。先ほど正社員以外のいろいろな雇用形態について説明しましたが、どんな条件の場合であっても同じです。また、労働条件の通知は必ず書面で明示して行うことになっており、書面に明示しなければならない項目については労働基準法で決まっています。お互いに会社で働く際の、労働条件に相違がないことを、確認しておくという意味です。

■採用通知

次に採用通知を本人宛に出します。その後、出社日までに住民票記載事項証明書、年金手帳や中途採用者などは雇用保険被保険者証、源泉徴収票を持ってきてもらいます。

■誓約書、身元保証書

また、誓約書、身元保証書をとっておくこともおすすめします。誓約書には守ってもらいたい内

容を盛り込んでおきます。なお、最近では別に秘密保持契約書をとる会社も増えています。

身元保証書とは従業員が故意又は重大な過失によって会社に損害を与えた場合に、身元保証人が損害を賠償することを保証してもらうものです。注意してほしいのはこれを交わしたからといって、必ず全額賠償してもらうことを保証するものではないことです。

保証期間については最長で五年、期間の定めを設けない場合は三年となります。これは自動更新できるように定めることはできませんので、期限が切れたら再度取り直しをしなければなりません。また、通常は二人に保証人になってもらうことが多いようです。

■労働契約書（雇用契約書）

そして、出社日に労働契約書をきちんと結んでおきましょう。

労働条件通知書、誓約書、身元保証書、労働契約書と入社時は従業員と交わしておかなければいけない書類がたくさんありますが、労働条件通知書は法律で必ず交わさなければならないものになっています。労働契約法では就業規則に記載のない事項で、その労働者と固有に結ぶ事項については、契約書の内容を優先することになっていますので、トラブルを未然に防ぐためにも、また、再度お互い条件をきちんと確認する意味でも交わしておいたほうが良いと思います。

小規模の会社は便宜的に、労働条件通知書と兼ねた労働契約書を交わす場合も多いです。

そして前述の労働条件の書面による明示は、労働基準法にて雇用者の義務とされていますので、これに違反する場合には、最高で、三〇万円の罰金を課せられることもあります。採用の際は、きちんと労働条件を書面化することをこころがけるようにしましょう。

（3）給料だけじゃない、「ヒト」にかかるお金

■給料を決めるためのヒント

従業員を採用するときにもっとも悩む条件は給料の「額」でしょう。求人の募集の時にあまり安いといい人材が応募してくれないかもしれません。だからといってすぐにやめられたら困る、働きぶりがわからないのであまり高い金額も提示できない、などと頭を痛めるところです。

給与の額については、厚生労働省が出している給与の統計である「毎月勤労統計」というものを参考にするといいでしょう。給与支払いの統計が規模別や業種別に掲載されています。また、パート、アルバイトの賃金を決めるときや正社員でも時給単価に直すとどうなるかを念頭に入れて給与を決めましょう。

もっとも、給与には最低額のラインがあります。「最低賃金法」という法律によって、会社があまりに安い給与で従業員を酷使することのないよう給与の最低額を国が定めています。この最低ラインを下回る給与を定めてもその定めは無効となることに留意してください。最低賃金の額は、地方によって異なります。その地方を管轄する労働基準監督署に聞くと最低賃金の額がわかります。

厚生労働省　http://www.mhlw.go.jp/
厚生労働省・毎月勤労統計　http://www.mhlw.go.jp/toukei/saikin/index.html

■社会保険料をお忘れなく

給与を決める際には、社会保険料（117ページ参照）のこともセットで考えましょう。後ほど詳しく説明しますが、目安として給与の三割ほどかかることを念頭に入れて給与を決めてください。

人ひとり雇った場合は、給与、残業手当、賞与、社会保険料がかかってきます。経営者の中には、この保険料がすっかり頭から抜け落ちている人もいます。

労働保険料は月々の金額自体は高額ではないのですが、一年に一回一年分の保険料を前払いし、その時あわせて昨年度前払いした分の差額精算をするので、結構な金額になる場合があります。

そのため、このことを知らないと、創業したてでまだ経営基盤ができていない会社はあわててしまうのです。

ただ、おおむね週二〇時間未満で働く場合は雇用保険に加入する必要もありませんし、正社員と比較して四分の三未満の労働時間や労働日数であれば厚生年金や健康保険に加入する必要もありません。人件費が結構かかりますので、アウトソーシングや有効的にパート、アルバイトを活用することも視野に入れると社会保険料が削減できるかもしれません。

（4）賢く活用！　返さなくてもいい助成金

創業時には、何かと資金が必要です。その時にうまく活用したいのが厚生労働省や経済産業省が窓口になっている助成金です。助成金は返さなくてもいい、国から支給されるお金です。これを活用しない手はありません。

しかし現在創業関連の助成金は減少し、以前よく活用されていたものは無くなってしまいました。助成金は時代の背景と密接に関係しています。例えば、パートや契約社員を正社員にしてほしい、若者の雇用を確保する、社員教育の援助をする、業績不振の会社をサポートするためなど、国の政策に密接にからんでいます。会社の成長とともに活用できるものもありますので（例えば202ページを参照のこと）、助成金の要件が会社の状況にマッチしていれば、積極的に活用してはいかがでしょうか。

人を雇ったら

石井清香
社会保険労務士

労働者を雇う会社には、労働者の就業環境や生活状況にも配慮する義務があるわけですが、その義務を具体化した制度として、次に説明する社会保険制度があります。

(1) 社会保険をここで再確認

法人の事業所は人を雇ったら、社会保険に加入しなければいけません。では社会保険の仕組みはどのようになっているのでしょうか？

社会保険とは労働保険と社会保険に分類されます。求人広告などで「社保完備」というのを目にしますが、これは労働保険と社会保険を両方合わせたものを指します。

さらに、労働保険は雇用保険と労災保険に分類されます。

(2) 何かあったときの負担を軽減——労災保険について

労災保険に加入していると、通勤途上や業務中に事故が起きた場合に給付が受けられます。

【社会保険のしくみ（ここでは法人対象のものについて）】

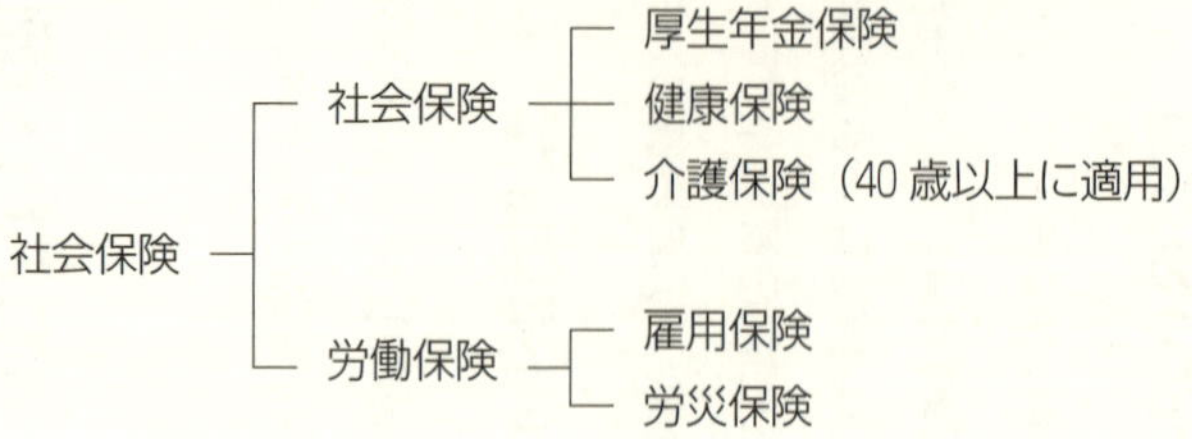

労災保険	パート、アルバイト関係なく、外国人でも加入しなければなりません。事業主、役員は加入できませんが、特別加入という方法で加入が可能です。
雇用保険	週 20 時間以上働いていて、31 日以上働く見込みがある場合は加入しなければなりません。社長と役員は原則加入できませんが役員の場合認められるケースがあります。

もし、仕事中にけがをしてしまったら……。

民法では、使用者の故意、過失で起きた事故に対しては損害賠償をしなければなりませんが、労働基準法上では、労働者を守る法律ですので、業務上の災害に対しては、使用者に災害発生についての故意、過失がなくても、災害に遭った労働者に一定の災害補償をしなければなりません。

ちなみに、もし労災に加入せず労働者が亡くなったら、労働基準法に規定してある遺族補償として平均賃金の一、〇〇〇日分と葬祭料として約平均賃金の六〇日分を支払わなくてはいけません。もしけがをしたら、使用者は通院にかかる費用を支払わなくてはいけませんし、さらに会社を休んでしまったら一日につき平均賃金の六〇%の金額を支払わなくてはなりません。

その後、障害が残り最高等級の一級だと認定されると、一年間に約平均賃金の三一三日分の年金が死ぬまで支払われますので、事業主が責任を負わなければいけない金額が膨大になります。そのほか、業務中の事故ですから、本当に事業主側に責任がなかったのか、会社の施設内に問題がなかったかなど今度は民法のほうからも損害賠償責任にも問われる可能性が高いので、事業主としての損失は大変なものになります。

それを少しでもカバーするのが労災保険の加入です。労働基準法上で保障しなければいけない給付額を肩代わりしてくれるわけです。

（3）雇用保険については？

週二〇時間以上かつ、31日以上働く見込みがあれば雇用保険に加入しなければなりません。加入洩れはたとえ一ヶ月でも失業給付につながるため従業員とのトラブルの原因になります。従業員とのトラブル防止のためにも、要件に当てはまる場合にはすぐに手続してください。

雇用保険に加入していれば、退職時に失業保険が給付されます。また、育児休業を取得している期間は、会社からは給料が出なくても雇用保険の方から給付を受けることができます。

長くその会社で働いている六〇歳以上六五歳未満の従業員に対しては、給与が下がるなどの条件を満たせば月額給与の最高で十五％の給付が支給されます。そのため、六〇歳以後、給与が下がっても、雇用保険からの給付があるため、会社としては助かるし、本人も給料に給付金をプラスすると結果的にさほど給与も下がらず済みますので、双方でメリットがあります。

(4) 社長ひとりしかいなくても必須。社会保険

社会保険とは厚生年金、健康保険、介護保険（加入は四〇歳からになりますが）のことであり、法人は加入することが強制です。

例えば、創業当初、会社に従業員がおらず社長のみでも、社長自身が加入することになります。労働保険は基本的に従業員しか加入できませんが、健康保険や厚生年金のような社会保険は、社長や役員も加入しなくてはいけません。

正社員だけではなく、契約社員やパートさんも要件を満たせば同じです。

パートさんは正規従業員の一日あるいは一週間の所定労働時間のおおむね四分の三勤務する場合でかつ一ヶ月の所定労働日数のおおむね四分の三の日数がある場合が該当条件になります。

(5) 未加入だと、何かあったときに補填しなくてはならない!

給付についても少し説明しておきます。年金給付に関しては厚生年金あるいは国民年金制度に加入していた期間が足して二五年以上（平成二七年十月より十年以上に変更予定）あると原則六五歳

【各保険制度の加入基準】

	法人の事業主	個人事業主	取締役等	従業員
労災保険	×（ただし特別加入できる）		△	○
雇用保険	×	×	△	○
健康保険	○	×（国民健康保険に加入）	○	○
厚生年金	○	×（国民年金に加入）	○	○

○加入　△加入できる場合がある　×加入できない

【給与に対してかかってくる社会保険料について】

	保険料率	会社負担	従業員負担
労災保険	2.5〜89/1,000 業種により異なる	全額負担	負担なし
雇用保険	一般業種　13.5/1,000 農林水産・清酒製造業　15.5/1,000 建設業　16.5/1,000	8.5/1,000 9.5/1,000 10.5/1,000	5/1,000 6/1,000 6/1,000
健康保険（介護保険）	9.97% ㊍1.55%（対象者のみ）	半額負担	半額負担
厚生年金（児童手当拠出金）	16.766%※ ㊌0.15%（事業主全額負担）	半額負担	半額負担

＊ボーナスに対しての保険料も上記と同じです（平成25年4月現在）。
※毎年少しずつ引上げられていき、平成29年9月以降18.3%になります。

から年金が支給されます。二五年に満たない途中で、事故等により障害者となったり、死亡したとしても一定の要件を満たせば加入年数に関係なく年金が支給されます。極端な話、初めて年金制度に加入して二ヵ月後に障害者になっても、その二ヶ月分きちんと保険料を支払っていれば障害年金は出るのです。

逆に、障害者になったり、死亡した時点で厚生年金などに加入していなければ、障害年金や遺族年金は支給されません。

もしも、事業主が本来保険に加入させなければいけない従業員なのに加入させていない場合、その従業員が死亡したり、障害者になった場合には、そのもらえるはずだった年金の分まで、補填しなくてはいけなくなります。

健康保険の給付については、病気をしたとき、けがをしたとき、入院をしたときなど、保険に加入していれば、従業員の自己負担は三割ですみます。それ以外に、スキーで骨折をして会社を休んだなど、私傷病で連続四日以上会社を休んだ場合は、日給に換算して一日約その三分の二の金額が、最高で一年六ヶ月まで支給されます。これは、入院、自宅療養問わず、会社を休んでいれば支給されます。骨折の治療で使用するコルセットも保険でまかなえます。

出産することになった場合には、産前六週間、産後八週間の期間会社を休んだ場合は、日給に換算して一日約その三分の二の金額が支給されます。

手続のタイミング

石井清香
社会保険労務士

（1）実際の手続はいつやる？

■定期的な手続と不定期な手続

では実際の手続はどのようなものがあるのでしょうか？

社会保険事務とは、健康保険や厚生年金といった社会保険の加入・喪失の手続や雇用保険や労災保険の手続をいいます。従業員が入社すると、被保険者としての資格の取得手続を、年金事務所とハローワークに行って行わなければなりません。従業員の退社時も同様です。労災が起きたり、骨折などして私傷病（仕事以外の理由で生じたケガや病気）で会社を休んだ場合もその都度、状況に応じて手続をします。

このような不定期の事務のほかに、定期的に発生する事務があります。毎月の保険料の納付のほか、年間で定期的に行う事務があります。従業員やパート等に支払った一年分の給与、つまり四月から翌年の三月までの分に労働保険料の料率を乗じた額を毎年七月十日までに納めなければならな

【年間の社会保険事務の流れ】

〈不定期の事務〉

入　社	**社会保険の資格の取得手続き**　年金事務所（健康保険・厚生年金）とハローワーク（雇用保険）で行う
退　社	**社会保険の資格の喪失手続き**　年金事務所（健康保険・厚生年金）とハローワーク（雇用保険）で行う
病気やけが	労災保険（労働基準監督署へ）や健康保険（各都道府県の健康保険組合へ）の給付申請など
そ の 他	給与の大幅な変動時、従業員に異動があった時など

〈定期の事務〉

毎　月	**社会保険料の控除と納付**　健康保険・介護保険・厚生年金の保険料と雇用保険料を毎月の給与から控除して納付
七月十日	**労災保険と雇用保険料の申告納付**
七月十日	**算定基礎届の提出**　健康保険・厚生年金の保険料の基礎となる給与の支払実績を申告し、一年間の保険料率が決定。
賞与を出したら	**社会保険料の控除と納付**　健康保険・介護保険・厚生年金の保険料と雇用保険料を賞与から控除して納付

い、労働保険の申告納付事務があります。

また、毎年、七月一日に在籍している従業員を対象に、一年間の健康保険と厚生年金の保険料率を一人ひとり確定するという申告事務もあります。これを算定基礎届といい、社会保険関係の重要な事務手続の一つになっています。

(2) 社会保険は必要経費

違法状態と知りながら社会保険に加入していない会社の経営者の多くが、「保険料がもったいない」「社会保険なんかあてにならない」と考えているようです。

しかし前述のように社会保険に加入することにより、法律上事業主が保障しなければいけない部分を随分担ってくれますし、従業員も福利厚生面でもきちんと保障されると安心します。

社会保険は長い歴史の中で生まれた必要最小限の制度です。だから、社会保険は必要経費と考え、これを節約するということよりも、必要経費を踏まえたうえで売上計画、経費計画をたてて、経営にあたっていただきたいと思います。

いい人材を採用したい場合には、社会保険、労働保険に加入することは必要条件です。そして、社会保険に加入することに限らず、全体的に労働環境を整備することは、人材を育成する土台づくりになるのです。

Column

年金加入手続に注意！

年金記録の加入漏れが問題になりました。これは年金制度の仕組みや社会保険庁側だけでなく、実は、私たち市民や会社側の対応にも問題がありました。

例えば、会社側では次のことに気をつける必要があります。従業員の扶養に入る配偶者についてです。従業員が会社に入る際、健康保険に加入して健康保険証を発行し、その従業員の扶養に入る配偶者についても被扶養者の届出をし、健康保険証を発行してもらいます。この時、同時に厚生年金についても、20歳から60歳までの配偶者は第3号被保険者の届出をしなくてはいけません。

案外後者の手続を失念してしまうのです。これを忘れてしまうと、その配偶者はその期間厚生年金保険に加入していないことになるのです。このミスは意外と多く私が年金相談を受けたケースの中にもかなりありました。これに気づいて、申し出た場合、2年前までの期間はさかのぼって加入を認められますが、それより以前は時効になってしまいます。つまり、気づいたのが遅くその期間がはるか前であれば全く年金額に反映されないことになります。それればかりか、この期間があれば年金がもらえたのにという最悪な事態を引き起こす場合も十分にありえますので注意が必要です。

（石井）

「給与」と「退職金」について

社会保険労務士
石井清香

ここで、「給与」を支払う際の決まりごとや「退職金」について説明しようと思います。

(1) 給与支払いについての五つのルール

毎月給与を支給するためには、必要な事務手続があります。毎月の給与とボーナスからは、前述した社会保険料を控除するとともに所得税・住民税も控除し、集めた保険料や税金を納付しなければなりません。

給与を支払うにあたって五つのルールが労働基準法に定められています。世間で認識されているものとは少し違うところがありますので、表を参考にしてください。

ちなみに賞与は必ず払わなくてはいけないものではありません。また、定期的にする事務としては、十二月に年末調整と一月に給与支払報告書等の提出があります。

経営者や従業員の給与に関しては、源泉徴収票と給与支払報告書等を作成し、源泉徴収票は税務署に、給与支払報告書等を市区町村に送付します。

〈賃金支払いの五原則〉

賃金支払いの五原則	詳　　細
①通貨払いの原則	給与は原則として通貨で払い、現物給与を禁止しています。
②直接払いの原則	直接本人に支払うこと。じかに手渡すことを意味するものではないが、代理人に支払うことは認められません。
③全額払いの原則	その月勤務した分については全額払うということです。今月はちょっと厳しいので、半分払って残りを来月払うということはできません。また、給与の一部を控除して支給することを禁止しています。親睦会費などを控除する場合は労使協定を結ばなければ控除できないということです。
④毎月払いの原則	毎月一日から月末までの間に少なくても一回は月々一定の期日を決めて給与を支払わなければなりません。
⑤一定期日払いの原則	

＊労使協定…ここでいう労使協定は従業員の過半数を代表する者と事業主の間で締結する書面による協定のことをさします。

(2) 従業員の退職金

■退職金をいつ支払うか、従業員に選んでもらう方法も

退職金は必ず支給しなければいけないものではありません。最近では、退職金制度のない会社もめずらしくありませんし、業界で組織した基金の中には運用がうまくいかず退職金制度自体が破綻するケースも少なくありません。

それよりも、在職時にその分還元するという考え方で、退職金相当分を在職時に給料として支払うかどうかを従業員に選択してもらう会社もあります。年功序列で終身雇用の時代ではなくなった現在では、退職金は必ずしも必要とは言えないでしょう。

ただ、退職金制度を導入することは、会社にできるだけ長く貢献してもらう動機づけとなります。社内に退職金制度を構築するとなると、勤続年数に応じて支給金額を決めるのが一般的になります。ただ、一度制度設計してしまうと将来的に、もう少し原資を抑えたいと思い直しても、従業員に不利になる制度変更は難しくなるため、その点も慎重に考えておくべきでしょう。

■課税所得が減る効果も。中小企業退職金共済制度の利用

退職金の原資としては、生命保険を利用する方法もありますが、一般的には中小企業では中小企業退職金共済制度を利用する会社が多いようです。

【加入企業の範囲】

業　　種	常用従業員数		資本金・出資金
一般業種（製造業、建設業等）	300 人以下	または	3 億円以下
卸売業	100 人以下		1 億円以下
サービス業	100 人以下		5,000 万円以下
小売業	50 人以下		5,000 万円以下

独立行政法人勤労者退職金共済機構 中小企業退職金共済事業本部
http://chutaikyo.taisyokukin.go.jp/

事業主は、勤労者退職金共済機構、中小企業退職金共済事業本部と退職金共済契約を結び、毎月の掛金を金融機関に納付します。

掛金は五、〇〇〇円〜三〇、〇〇〇円の中から従業員ごとに任意に決定します。従業員の退職後、本人に退職金として勤労者退職金共済機構、中小企業退職金共済（以下「中退共」）事業本部から支払われます。

この制度は事業主や役員は加入できません。

なお、この制度では国が掛金月額の二分の一を加入後四ヶ月目から一年間助成してくれます。また、中退共の掛金は、法人企業の場合は損金として、個人事業の場合は必要経費として処理できるので、その分課税所得が減ることになるのです。

■近くの事業主と協力しあう特定退職金共済制度

そのほか、市町村や地域の商工会議所等が特定退職金共済団体を設立・運営する制度で特定退職金共済制度というものがあります。

地区内の事業主であれば、規模、業種に関係なく事業主は退職共済契約を結ぶことができます。事業主は、毎月掛金を納付し、従業員が退職したときには、特定退職金共済団体が加入事業主に代わり、直接、加入従業員に退職金を支払います。

掛金は一、〇〇〇～三〇、〇〇〇円の中から選ぶことができ、税法上のメリットは、中小企業退職金共済と同じ扱いです。この制度も事業主や役員は加入できません。

この制度は、各特定退職金共済団体によって給付金や利回りなど支給条件等が異なっています。

(3)　社長にも退職金

■もしもに備えて

経営者も退職した時、また万が一の場合にも退職金があると老後の生活費として、また相続時の問題など有効利用できるのでありがたいものです。

民間の生命保険に加入するのもひとつの方法ではありますが、損金算入できる割合が変わったりなど、税法上の制度が変更になるリスクもあります。

■節税対策にも！　小規模企業共済

中小企業の経営者におすすめなのが、小規模企業共済です。

商業またはサービス業	常時使用する従業員数が5人以下の個人事業主または会社役員
それ以外の業種	常時使用する従業員数が20人以下の個人事業主又は会社役員、事業に従事する組合員の数が20人以下の企業組合の役員や常時使用する従業員の数が20人以下の協業組合の役員

＊加入後に従業員が増えても契約は継続できます。

これは、小規模企業共済法に基づく独立行政法人中小企業基盤整備機構が運営する制度です。小規模企業の個人事業主や役員などが掛金を払い積み立てていく制度で、掛金を六ヶ月以上払い込んだ後に個人事業の廃止、会社等の解散、役員の疾病、負傷または死亡による退職、老齢給付などとして納付年数と事由によって共済金が支給されます。

加入資格は上の通りです。

毎月の掛金は一、〇〇〇円～七〇、〇〇〇円まで、五〇〇円きざみで設定することができます。

掛金は、全額を小規模企業共済等掛金控除として、所得控除することができます。つまり、所得から掛金が全額差引かれ、その額に対して課税されるので、年収によっては、節税効果が高くなる場合があります。

独立行政法人中小企業基盤整備機構
http://www.smrj.go.jp/skyosai/index.html

労働環境の整備における会社側の法的リスク

石井清香
社会保険労務士

(1) 細かいことは専門家にまかせればいい。必要最小限の知識だけは

社会が複雑になり、それにともなって個人情報保護法や労働契約法など新しい法律も誕生し、既存の法律も毎年法改正が頻繁に行われています。現代社会は、「法化社会」といわれるように、私たちは数多くの法律というルールのもとで生活し、企業活動しています。

社会においては、法律を守ることは当たり前のことであるという意識が少しずつ根付いてきました。「これくらい大丈夫」というほんの軽い気持ちで行った法律違反が積み重なり、会社経営が危ぶまれるほどの重大な問題に発展してしまうことも多々あります。人を一人雇っただけでも、労働基準法、労働安全衛生法、雇用対策法、労働契約法、男女雇用機会均等法…まだまだたくさんの労働関係法規に規制されてしまうのです。法化社会においては、法律を知っていることが前提となります。だから、「そんな法律があることは知りませんでした」では済まされないことはしっかり認識

しましょう。

こんな法律あったな、こんなしくみだったなぐらいの認識だけでも何も知らない経営者に比べたら、ことを有利に運べます。例えば、社会保険料や税金の節減や用意しておかなければいけない資金についても余裕を持って準備しておくこともできます。

細かいことは専門家にまかせればいいのです。そういった意味で、法的なチェックをする専門家の存在は、企業活動には欠かせない要素となっています。

では、雇用に関する法律はどういうものがあるでしょうか？

人を雇入れることには、一定のリスクを伴います。ここでいうリスクとは、いい人材が取れないというリスクではなく、さまざまな法律の規制を受けるという意味でのリスクです。雇用に関する法律は数多くあります。

人材の募集・採用の際には、男女雇用機会均等法で性差別を、雇用対策法では年齢制限を禁止しています。採用時には、労働条件を書面で説明しなければならないという義務が労働基準法上生じます。

採用後も、定期的に健康診断を行わなければならないことや、安全に配慮しなければならないことなどが、労働契約法という法律で義務化されています。このように人に関する法律は数多くあり、うっかり見落としてしまうと後で大変なトラブルになったりするので、必要最小限の知識は持っていて欲しいと思います。

（2）個別労働紛争の増加

個々の従業員と使用者との雇用関係において生じた紛争（例えば解雇、残業代未払いなど）を個別労働紛争といいます。「個別労働関係紛争の解決に関する法律」という法律が平成十三年に施行され、全国の総合労働相談センターへの相談や労働局へ解決を求める件数は年々増加しています。

従業員が個別労働紛争を解決するためにとる手段がいくつかあります。労働局等の紛争調整委員会にあっせん（会社側と従業員の和解の仲介）をしてもらう解決方法や労働審判制度の利用やそれでも解決がつかない場合には最終手段として裁判があります。もちろん、会社の側が、従業員との紛争を解決しようとしてこうしたあっせんや労働審判制度を用いることもできます。

残業代未払い賃金に関する紛争はマクドナルド事件にもあるように最近よく新聞紙上で目にするようになりましたが、中小企業でもヒトゴトではありません。

（3）解雇は簡単にはできない

決して勢いで、「おまえなんてやめてしまえ」なんて言わないでください。

経営者の中には試用期間だからやめさせられるとか、従業員の勤務態度が悪い、やる気がないなどという理由で簡単に解雇できると思っている人がいるようですが、それは危険な誤解です。

最近では、断片的とはいえ労働者も法律的な知識をずい分持つようになりました。そのため経営者が「解雇だ」と安易に労働者に言ったせいでトラブルになってしまうことは多々あります。一般の労働者が会社と紛争をすることになった場合、労働者を援助するユニオンと呼ばれるような労働組合が地域にいくつかあります。労働者がそこに駆け込んでしまうとかえってこじれてしまうこともあります。ユニオン等もれっきとした労働組合なので、団体交渉をもちかけられると、それに応じなければなりません。応じないと、労働組合法により不当労働行為という法律違反になってしまいます。また、ユニオン等に入ったことを理由に解雇することもできません。これも労働組合法で不当労働行為となってしまいます。景気の悪い時はユニオンへの駆け込みが増えます。安易な解雇をしないよう気を付けましょう。

ですから、一度正社員にしてしまったら試用期間でも簡単に解雇ができないということはご注意ください。労働契約法で、よほどの理由がない限り解雇ができないこととされているのです。協調性がない、能力不足という理由での解雇もほとんど認められないのが現状です。

(4) 労働契約法とは

労働契約の内容と締結のルールを明確化しようとしたのが労働契約法です。この法律が施行されるまでは労働契約そのものを規律する明確なルールというものはなく、労働基準法や民法を適用し、あるいは、裁判例をもとに有効性や内容が解釈されていました。しかし、終身雇用制の崩壊や価値観の多様化等により、さまざまな雇用形態での就労あるいは転職をするようになったり、またそれに加え個人の権利意識も高まって、紛争が増加してきたために施行されるにいたりました。

労働契約法は全部で二〇カ条からなっており、内容は労働契約の基本原則と判例法理（法律で明確に定められていない事項について、個別の裁判例を積み重ねてできたルール）のうち重要な事項を法制化した内容が中心となっています。そのため労働契約の成立から終了までのすべての場面を網羅しているわけではありません。労働環境の変化や裁判の動向を見ながら新たなルールが付け加えられて内容が充実していくことが想定されます。

また、労働基準法のような取締法ではないので、罰則があるわけではありません。労働契約法に反する労働契約を締結したから処罰される、というものではないのです。要するに、「労働契約をめぐってトラブルとなり、裁判になったらこのような基準で判断されます」という基準を示すという役割を果たすものです。労働契約を締結する際、あるいはその後、労働者との間でトラブルが発生した際にこの「労働契約法」を念頭に置く必要があります。

(5) 残業させるために必要なこと

■三六協定を結ばなければ残業はさせられない

三六協定って知っていますか?

また、これを出さないと残業ができないということは知っていますか?

従業員の労働時間は原則一日八時間、一週間の労働時間は四〇時間までと法律で決まっています。それを超えて働かせるためには、使用者と会社の従業員代表が三六協定というものを結ばなければ認められません。そして、延長になった残業時間に対しては、割増率というものが加算され、通常の賃金にその割増率を加算したものを支払わなければいけません。

このように、労働基準法では使用者と従業員代表が協定を結ばないと会社で運用できないルールがいくつかあります。その一つが残業に関する協定で三六協定と言われているものです。

ちなみにどうして三六協定というのかといいますと、時間外労働に関する内容が労働基準法第三六条に規定されているので、三六条に根拠のある協定という意味で、三六協定といわれています。

まず、会社をつくったら、早急にこの協定を出すことをおすすめします。

【三六協定で決める時間外労働】

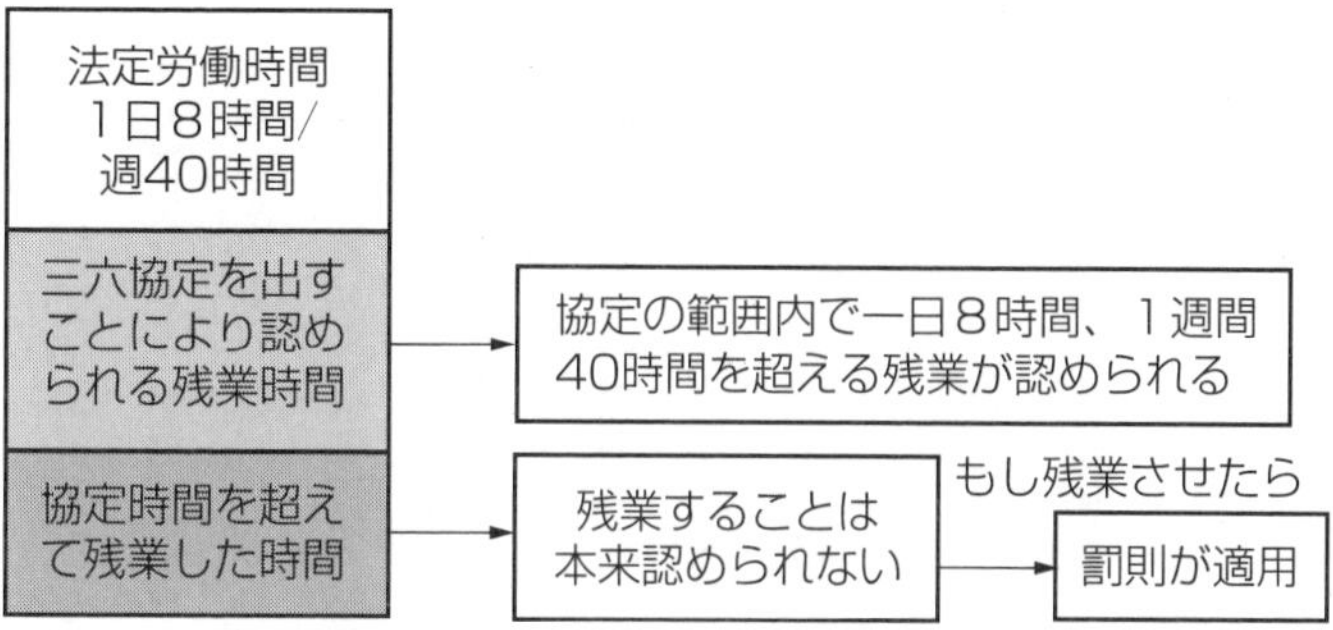
法定労働時間
1日8時間/
週40時間
三六協定を出すことにより認められる残業時間
協定の範囲内で一日8時間、1週間40時間を超える残業が認められる
協定時間を超えて残業した時間
残業することは本来認められない
もし残業させたら
罰則が適用

＊業務上の必要がある場合や個別の労働者の同意を得た場合であっても、三六協定で定めた限度を超えて労働時間を延長することはできません。

【割増賃金の率】

時　間　帯	割　増　率
時間外労働	2割5分以上
休日労働	3割5分以上
深夜労働	2割5分以上
時間外労働が深夜の時間帯に及んだ場合	5割以上
休日労働が深夜の時間帯に及んだ場合	6割以上

＊平成22年4月の改正で月60時間を超える時間外労働の割増率が50%以上に引き上げられました。ただし中小企業は当分の間猶予されます。

■労働安全衛生法

残業時間が一ヶ月八〇時間を超えたら、労働安全衛生法の規定により、会社は医師による面接指導を実施するよう努めなければなりません し、一〇〇時間を超えると従業員の請求により医師による面接指導をすることが義務となります。また、過度な残業は過労死やうつ病などの原因になりますし残業時間は労災の認定の判断基準の一つにもなっているので注意が必要です。

この法律は、就業中に労働者が危険にさらされたりまたは健康障害を引き起こしたりすることを防止するために、職場における労働者の安全と健康を確保し、快適な作業環境をつくるために制定されたものです。

【時間外割増の考え方】

〈労働日〉

9:00始業17:00終業の会社の場合、所定労働時間7時間の割増率は次のようになります。

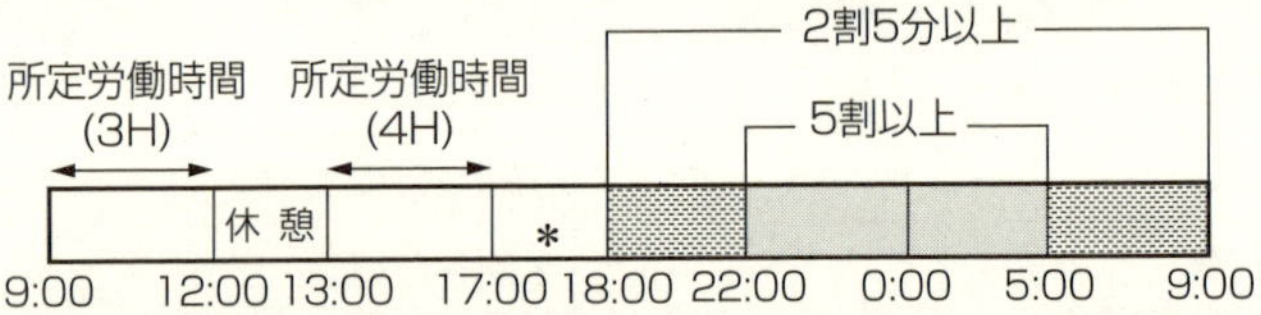

*この1時間は法定労働時間(8時間)なので、割増賃金の支払い義務はありません。

〈休日·深夜労働〉

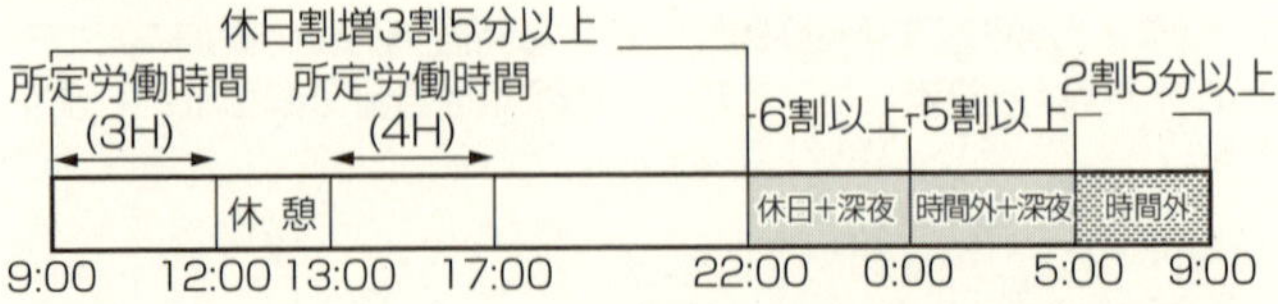

就業規則作成のススメ

石井清香
社会保険労務士

（1）就業規則をつくりましょう！

経営者は、人の募集の段階から、雇った後に至るまで法律の規制のもとに会社を運営し、人を管理していかなければなりません。

そのためには、会社のルールづくりをきちんとし、会社の従業員としてとるべき行動、とってはいけない行動を理解してもらうことが重要です。それを守ってもらうことで、企業秩序も保たれますし、会社にとってもトラブルを未然に防ぐこともできます。また、モチベーションをアップさせるための制度をルール化することにより、会社の業績アップに貢献してもらうことが可能です。

人事考課ひとつとっても、できなかったことを批判し、そこを評価の基準とする減点主義的な考えではなく、良い所を評価し、伸ばしていく加点主義的な考え方が大切になってきます。また、会社の理念や経営戦略を皆で共有し、それを個々の目標に落としこみ、人材を育てる仕組みをルール化することも必要になってくるでしょう。

そのルールの土台となるのが、「就業規則」です。まだ、数人しかいないから必要ないと思う人もいるかもしれません。確かに労働基準法上は十人以上の従業員を抱えた場合に「就業規則」の作成を義務付けていますが、会社の初期の段階からきちんとしたルールづくりをすると、会社も運営しやすいし、従業員も働きやすいのではないでしょうか?

(2) 就業規則が会社も従業員も守る

「就業規則」は原則として会社が自由に定められるものですので、ただ取り締まるためだけでなく、会社にとって業績アップを目指した経営上の戦略を施策として落とし込んだものと考えることもできます。例えば会社の理念を入れたり、特色ある福利厚生を定めたり、優秀な人材を採用するための魅力的な制度を取り入れたりいろいろな工夫ができます。また、業界特有の、労使の紛争となりやすい事柄について考えて規則を定めておけば紛争の発生をある程度未然に防ぐことも可能になります。

なお、何らかの懲戒事由が従業員にあったとしても、それだけで解雇が認められるわけではありません。従業員を懲戒する場合、その懲戒処分の種類(例えば、単なる注意処分から、減給、降格、はては解雇までありますが)と、どんな場合に、どのような懲戒処分を課すか、ということを就業規則で明記しておくことが最低限必要になります。

ちなみに、会社から大金を横領するといった悪質なケースでもない限り、いきなりの解雇は通常認められません。単なる始末書から、減給…とまずは軽い処分から課していかなければならず、それでも態度をあらためないような場合に、ようやく解雇が認められるというのが実状です。

そういう意味でも、懲戒処分の定めなどをできる限り具体的に定めた、きちんとした就業規則を作っておくことが本当に大切なのです。しかも就業規則は、前述のとおり原則として事業主側で自由につくれるものです。そのため、会社を運営していく際に困っていることや、業種によってもトラブルになりやすそうなことをできる限り具体的に盛り込んだ就業規則をきちんと作成することができれば、何かトラブルが起きた際の防御にもなり得るのです。

例えば、従業員の遅刻が多いことで悩んでいた場合には、賃金規程などに「一月まるまる無遅刻無欠席であれば、手当を支給する」などと定めておくことで遅刻を防ぐ対策をとることができます。

(3)　就業規則をつくるヒント

就業規則は十人以上従業員がいれば作成することは義務ですし、作成したら監督署に届出をしなければいけません。また、就業規則を作成したら労働者に周知しなければなりません。ですから作成した以上、ここを少し直したい、あそこを少し直したいなどとこっそり自分で勝手に直して知らないふりをしていることはできないのです。変更したら労働者に周知しなければ就業規則としての効力を生じません。また変更を監督署に届け出なければ法律違反となりますので注意してください。

賃金や労働時間のルールも、就業規則にきちんと定めておくことで、会社にとって合理的な賃金や労働時間のスタイルを採用することができます。

例えば、欠勤のルールをきちんと決めておかないと適正な賃金を支払うことができませんし、残業代がかさみそうな業種に対しては、変形労働時間制や裁量労働制を導入し就業規則に盛り込むなど、合法的なやりかたで、ある程度の残業代は吸収できます。

創業当初の会社の賃金台帳を見ると、残業代が基本給に含まれているのをよく見ます。これは、たとえ残業代の分を見越して高額の賃金を支払ったとしても残業代が未払いという扱いをされかねません。賃金規程をきちんと作成することによって、賃金を正確に算定することができるだけではなく、社会保険料も正しく算定することができ、無駄のない賃金や保険料の支払いができるということを念頭に入れておいてください。

また、賃金の支払いに関して、支払基準を示すことで従業員からの納得も得られます。

会社はどのような従業員に、どういった処遇を保障してくれるのか、あるいは目標を達成したら給与、賞与面でどのような処遇をしてくれるのか等を指し示すことにより、従業員もイメージしやすくなりますし、ある程度の公平感も生じるのではないでしょうか。

このように、創業当初だからこそ賃金設計も入念にしておくことが大切なのです。

会社がこうありたいという体制をルールに織り込み、従業員にそのルールを遵守させることにより、労務管理が円滑になりますし、経費を抑えることや、会社の考えられるリスクヘッジにもつながるのです。

そして、就業規則作成後も、ルール通り運用されているかチェックが必要ですし、法改正に対応するためにも定期的なメンテナンスが必要です。また、最低でも年に一度は従業員全員と面談することをおすすめします。一人一人と面談することにより、従業員の会社に対する不満、各人の業務負担、社内の人間関係等が把握できますので会社全体の業務改善や処遇の見直し等、会社をより良い環境に整えるのに役立ちます。

就業規則について、最後に注意してほしいのは、一度作ってしまうと、原則として従業員に不利益な条件には変更できないということです。

そして、労働契約法の施行により、合理的な労働条件が定められている就業規則を労働者に周知していた場合には、就業規則が労働契約の内容の一部となることが条文化されました。就業規則を安易に作ろうとインターネット上に掲載されているものをダウンロードしてそのまま使うことはもちろん、同業他社のものを拝借するといったことも大変危険です。作ってしまったら法律と同じように適用され、労働紛争などでもこれを基に争われることになりますからね。就業規則を作る際には注意が必要です。

Column

「プライバシーマーク」のすすめ

顧客や従業員等の個人情報の管理の徹底と仕組みづくりを強化した上で事業活動を行っていることをアピールしたいという企業戦略の1つから、「プライバシーマーク」を取得する企業が年々増加しています。また、今日では、取引先企業の選定基準のひとつになりつつあります。

「プライバシーマーク」とは平成10年4月から始まった制度で、JISQ15001という日本工業規格に適合した、個人情報についての保護措置を講ずる体制を整備している会社に対し、マークの使用を認める制度です。

「プライバシーマーク」を取得している会社が必ず整えるものとして「個人情報保護方針」というものがあります。これは、会社として、何のために個人情報保護活動を行うのか、個人情報保護のためにどのようなことを行うのか等、会社の個人情報保護に対する理念をかかげ、そして個人情報保護の取組みを文書化し、内外に宣言するものです。

「プライバシーマーク」を取得している会社で、ホームページを有している会社であれば、「個人情報保護方針」をホームページに掲載して社会にアピールしていますので、参考にしてください。「個人情報保護方針」を掲げて、自社なりの体制づくりをするだけでも、社会に対する信用をアピールできるのではないでしょうか。

（石井）

第5章
トラブルが怖い！

契約・法律とビジネス

六波羅久代
弁護士

(1) ビジネスは契約の連続

ビジネスをするということは、簡単に言えば、仕事をして、お金を稼ぐということです。仕事をしてお金をもらうということは、後述するように、必ず、何らかの「契約」をすることを意味し、ビジネスはまさに契約の連続と言えます。

つまり、ビジネスにあたっては、「契約」や「契約書」についての知識が必須となります。「契約」や「契約書」についての知識が足りないと、取引先や顧客との関係で、意図せずに不利な立場に置かれたり、想定以上のリスクを負うことになったり、本来は必要のないリスクを引き受けることになったりすることがあります。逆に、「契約」や「契約書」についての知識を活用すれば、取引を有利に運んだり、リスクを回避・軽減したりして、ビジネスをより成功に近づけることが可能になります。

(2) 法律や契約の内容はビジネスの「ルール」

ビジネスに興味があり、ビジネスの勉強はたくさんしているという人でも、法律に興味があるという人は少ないように思います。むしろ、「法律は難しそうで苦手」という意識を持っている人や、「法律についてはビジネスが軌道に乗ってから考えよう」と後回しにしている人が多いのではないでしょうか。しかし、ビジネスと法律は切っても切り離せないもので、法律を意識してビジネスをするということは、ビジネスの成功には欠かせない、とても大切なことなのです。

法律とは、公に定められた「ルール」です。スポーツやゲームでは、「ルール」を守らなければ、ペナルティが科されたり、「ルール」を守っている相手との関係で、負けてしまったりすることがあります。ビジネスの場面でも同じです。「ルール」である法律を守らなければ、例えば、予定していた利益が上げられなかったり、予想外の損失が生じたり、ビジネスを続けることができなくなったり、罰金などのペナルティが科されたりする可能性があるのです。

また、ビジネスは契約の連続と申し上げましたが、契約の場面においては、「契約の内容」も、法律と同じように「ルール」として機能します。

つまり、ビジネスで成功するためには、法律や契約の内容といった「ルール」を理解した上で、「ルール」に従うことが大切で、時には「ルール」を利用して戦略を立てることが必要なのです。

(3) 法律と契約に対する意識を持つ

この本を読んでいる人には、様々なビジネスをしている、あるいはしようと考えていらっしゃると思います。まずは、

① 自分がしていること、あるいはしようとしていることには、必ず「契約」が伴い、必ず法律的な要素が含まれているという意識

② ビジネスを成功させるためには、契約や契約書についての知識が必要であるという意識

③ ビジネスを成功させるためには、「ルール」である法律や契約の内容を知り、守り、活用しなければならないという意識

を持っていただきたいと思います。実際にビジネスをしている人達を見ていると、難しい法律の知識がなくても、この意識を持っていることこそが、ビジネスの成功への大きな差が付く一歩になるものだと感じます。

契約書作成の「発想法」を身につける

六波羅久代
弁護士

前述のとおり、ビジネスにおいて、「契約」を避けて通ることはできません。契約についての理解は、ビジネスの基本中の基本です（契約と契約書のポイントについては、六波羅久代「―想定外トラブルを防ぐ―契約書作成の発想術」『ビジネス法務』中央経済社、二〇〇七年十二月号、一〇一頁以下も参考にしてください）。

契約と聞くと、「契約書」を思い浮かべ、難しそう、面倒そうというイメージを持つ人がいますが、そのような人の多くは、契約や契約書について、ポイントがつかめなかったり、内容が整理できなかったりしているのではないでしょうか。しかし、「契約とは何か」という基本を理解し、その基本をもとに、契約書を作成する際の「発想法」を身につければ、契約のポイント、契約書のポイントが見えるようになってくると思います。

（1）「意思の合致」＋「権利」と「義務」

契約とは何かという問いに対しては、様々な答え方がありますが、まずは、

① 契約とは「意思の合致」である
② 契約により「権利」と「義務」が発生する

というイメージを頭に入れましょう。以下、具体例で説明します。

例えば、「A社がB社に、X商品を一〇〇万円で販売し、五月末日に納品する」という契約を考えてみましょう。この契約では、契約当事者であるA社とB社は、それぞれ、次の意思を持っていると言えます。

A社：①X商品を、②B社に販売し、③代金一〇〇万円を受領し、④五月末日までに納品する意思
B社：①X商品を、②A社から購入し、③代金一〇〇万円を支払い、④五月末日までに納品を受ける意思

契約当事者であるA社とB社の意思の内容は、お互い対応しています。これが、「意思が合致」しているということです。この契約当事者の「意思の合致」こそが契約であり、「意思の合致」があれば、契約は成立するのです。

そして、この契約により、契約当事者であるA社とB社には、それぞれ、次の「権利」と「義務」が発生しています。

A社：①代金一〇〇万円を受領する「権利」
　　　②X商品を五月末日までに納品する「義務」
B社：①五月末日までにX商品を受領する「権利」
　　　②代金一〇〇万円を支払う「義務」

つまり、契約当事者であるA社とB社には、合致した意思の内容に従って、お互いに対応した「権利」と「義務」が発生しているのです。

どのような複雑な契約であっても、契約の内容は、相互に対応する「権利」と「義務」に整理することができます。

(2) 何のために契約書をつくるのか

■契約書の作成によりリスクを管理する

契約は「意思の合致」であり、意思が合致すれば、その内容に従った「権利」と「義務」が発生し、契約は成立します。つまり、契約書を作らなくても、口頭のやりとりやメールのやりとりだけでも、契約は成立するのです（法律で書面の作成が契約の成立要件となっている例外的な場合は除きます）。

それでは、なぜ契約書を作成するのでしょうか。それは、「意思の合致」が存在したこととその内容、発生する「権利」と「義務」の内容を明らかにし、証拠化するためです。そして、契約書の作成は、リスクの回避、軽減、把握につながるからです。先程の具体例をもとに説明します。

五月末日を過ぎてもX商品の納品がないので、B社がA社に契約違反を主張したところ、A社から、「早ければ五月末にはと言っただけで、納期として約束した覚えはありません。納品は六月二五日頃の予定になります。」と反論されてしまいました。

B社は、五月末日の納品を前提に、納期を六月二〇日としてC社にX商品を転売する契約を結んでしまっていました。C社との契約書には、六月二〇日の納期に遅れた場合には、B社は損害賠償責任を負うと定められています。

A社とB社との間で契約書が作成されておらず、契約が口約束でされていた場合は、B社は、A社の契約違反を指摘しても、「言った」「言わない」の話になってしまうでしょう。

これに対し、納期が五月末日と明記された契約書が作成されていれば、B社は契約書を示してA社の契約違反を指摘することができますし、そもそも、A社は五月末日の納期を守るために努力をしたでしょう。

また、契約書が作成されていたものの、納期が明記されていなかった場合であっても、B社は、契約書に納期が記載されていないという事実や契約書を作成する過程でのA社とのやりとりなどで、X商品が五月末日までに納品されないリスクを想定できたでしょうから、少なくとも、C社への転売を控えることはできたでしょう。

つまり、B社は、契約書を作成していれば、リスクを回避できたか、契約書の内容や契約書作成のやりとりからリスクを把握、軽減することができていたと言えます。

以上のとおり、契約書を作成することは、ビジネスにおけるリスクの把握、回避、軽減のために大きな意味を持つのです。

■契約書は高い証拠価値を持つ

また、契約書は、契約当事者双方が捺印するという形式ゆえに、価値の高い非常に有力な証拠として機能します。そのため、紛争になった場合、裁判などで大いに活用できますし、裁判になったときに勝つ見込みがどの程度あるのかという判断をする際にも重要な資料になります。なお、社会通念上契約書が作成されないことがあり得ないような複雑または大きな取引の場合は、契約書が作成されないと、契約書が作成されていない事実自体が、契約が成立していないことの証拠と評価されてしまうおそれがありますので、注意が必要です。

契約書を作成する意味は他にもありますが、まずは、リスク管理の意味と、証拠としての意味を知っておきましょう。そして、契約書を作成する際には、この意味を意識することが大切です。

契約書作成のポイント――発想編

六波羅久代
弁護士

それでは、契約書を作成する際には、どのようなことに気をつけなければならないでしょうか。契約の内容によって、発生する「権利」と「義務」の内容は違いますので、契約書を作成する際のポイントも、契約の種類ごとに違ってきます。また、契約に至るまでの事情や、相手方との関係、その契約で許容できるリスクの範囲など、契約の背景となる事実関係によっても、ポイントは変わってきます。

それでも、どのような契約にあたっても共通して持っておくべき基本的な発想があります。契約書を作成するとき、契約締結の交渉をするときに、これらの発想を持っていれば、その契約のポイントが見えてくると思います。ここでは、その基本的な発想をいくつかご紹介します。

(1) 行使しやすい「権利」、履行しやすい「義務」の発想

前述のとおり、契約によって「権利」と「義務」が発生します。一般に、契約上のトラブルの多くは、

①　権利を行使できない（相手が義務を履行しない）
②　義務を履行できない（または義務を履行しても相手がそれを義務の履行と認めない）

の二種類に大別できると考えられます。

そのため、トラブルを未然に防ぐためには、「自分（当社）はどのような権利を取得するのか」「自分（当社）はどのような義務を負うのか」を意識して整理し、「権利はなるべく行使しやすく」「義務はなるべく履行しやすく（履行できない義務は負わない）」という発想をもって、契約書の記載内容を確認し、よりリスクが少ない契約書の作成を目指すことが必要です。

ビジネスをはじめたばかりの人がよく巻き込まれるトラブルとしては、「支払いを受けられない」というトラブルがあります。予定していた支払いが受けられないということは、場合によってはキャッシュフローを圧迫する重大なトラブルです。

「支払いを受けられない」トラブルを防ぐためには、「支払いを受ける権利」を「なるべく行使しやすく」する発想をもって、契約書を作成しておくことが必要です。具体的には、以下のような点に注意が必要と言えます。

■支払いを受ける金額

・金額を明確にしておく
・金額が後日確定する場合は、その決め方（計算方法、決める時期など）を明確にしておく

・その金額が、何の対価であるのかを明確にしておく（対価関係にある商品、サービス、それらの数量や内容を特定しておく、税金や送料などの費用を含むのか、どこから別料金がかかるかなどを明らかにしておく）

■支払方法

・支払時期を明確にしておく
・分割より一括、分割であれば回数はなるべく少なく
・支払時期をなるべく早い時期に設定し、対価関係にある商品の引き渡しやサービスの提供は、代金と引換えまたはそれ以降にしておく
・支払いが何らかの条件にかかる場合は、その条件を明確にし、条件の内容は客観的に確認できるものか、当方の意思でコントロールできるものにしておく
・具体的な支払方法（振込か、現金か、手形か）なども明確にしておく

■期限の利益喪失条項

例えば、契約により一〇〇万円を支払う義務を負っている場合で、その支払期日が十月末日と定められている場合には、もし十月三十日に支払いを求められても、翌日の十月末日までは支払いをしなくて構いません。このように、期限までは支払いをしなくてもいいということを、「期限の利益」と呼びます。

・相手方に一定の信用不安が生じた場合（手形の不渡り、分割払いの分割金の支払遅延など）には、期限の利益を喪失させて、ただちに全額の支払いを受ける権利を取得する条項（期限の利益喪失条項）を入れておく

■遅延損害金

・支払いが遅れた場合の遅延損害金を明記しておく

・商法では年六％と定められているが、法律の範囲でより高い率を定めることも可能

■担保、保証

・支払いを確保するために、保証人や連帯保証人を付けたり、不動産や債権、価値のある動産を担保に入れる

（2）「内容が明確」で「解釈が一通りしかあり得ない」契約書の発想

前述のとおり、契約書は、証拠としての意味、リスク管理のための意味を持ちますが、その意味をきちんと果たすためには、

①　契約書の記載について契約当事者間で解釈が一致すること（事後的に解釈が変更される余地のないこと）

②　仮に契約書が裁判所に証拠として提出された時は、裁判官とも解釈が一致すること

が前提となります。この前提がなくなれば、契約書は意味を果たせません。

そこで、契約書を作成する際には、裁判官が証拠として読む可能性も踏まえた上で、内容が明確で、誰が読んでも、解釈が一通りしかあり得ない契約書にする必要があります。

具体的には、

① 主語・述語などに注意し、文章自体を明確に整理すること

② 外来語や専門用語、業界用語、当事者間のみで通じている用語など、意味が特定しにくい言葉については定義条項（契約書にあらわれる言葉について定義を定める条項）を設け、その意味を一義的に特定すること

③ 契約書にあらわれる財産（不動産、動産、権利など）については、他のものと明確に区別できる方法で特定すること（登記や登録があるものはその表示で特定し、動産については、通常、製造者、製造番号、型式、品種、等級、品名、重量、寸法、数量、価格などを組み合わせて特定します）

が、最低限必要です。

また、内容がわからない条項や、内容があいまいな条項は、絶対にあってはなりません。このような条項が残っていると、リスクが正確に把握できないことはもちろん、後に紛争になったときに、裁判官から一方的に不利に解釈されて損害を被るおそれさえあります。このような条項については、

相手方と協議し、明確な内容に変更するか、必要がなければ削除をすべきです。

（3）「非雛形」の発想

市販の契約書の雛形や、過去に似た取引で使用された契約書をそのまま使用する発想を持ってはいけません。

雛形や過去の契約書には、これから契約する取引に必須の条項が含まれていない可能性や、これから契約する取引とは関係ない条項、矛盾する条項が含まれている可能性があり、そのまま使用すれば、無用なリスクを負ったり、紛争が生じたり、契約全体の有効性に疑義が生じたりしかねません。他の取引で問題がないからと言って、今回の取引でも問題がないとは決して言えないのです。

契約書を作成するに当たっては、必ず、当該契約のための、当該契約内容に忠実な契約書を作成する発想を持って下さい。雛形や過去の契約書を利用する場合も、この発想をもってチェックし、必要に応じて削除や変更を加えて使用しなければなりません。

なお、契約にあたって、相手方から相手方が普段使っている契約書の雛形を示され、内容をよく読まずに捺印してしまい、結果的にとても不利な内容の契約書を作成してしまうということがしばしば見られます。契約に慣れていないビジネスを始めたばかりの人は、特に注意が必要です。

契約書作成のポイント――形式編

六波羅久代
弁護士

ここでは、どのような契約書にも共通する、契約書の形式面のポイントをいくつかご紹介します。

(1) 契約当事者の表示について

どのような契約書でも、契約当事者を正確に表示しておくことが必要です。当事者の表示は、別の会社や別人と間違いが生じることのないよう、十分に特定できる方法によらなければなりません。

当事者が会社など法人の場合は、法人の正式名称、住所として登記簿上の本店所在地(登記された支店がありその支店が契約する場合はその支店)を記載します。登記簿上の本店所在地では実際は営業がされてないような場合には、実際の営業本拠地を住所として記載し、括弧書きなどで、「登記簿上の本店所在地」を併記するのが一般的です。

当事者が自然人(個人)である場合は、戸籍上の氏名を記載し、住所として住民票上の住所を記載します。氏名は、本人と特定できれば、通称や屋号などを記載することもあり得ますが、特に、登記や登録が関わる契約では、契約書に基づいて登記や登録の手続を進めるため、戸籍上の氏名を正確に記載しておくべきです。住民票上の住所と現実の生活や営業の本拠地が異なる場合は、現実の本拠地を住所として記載し、括弧書きなどで、「住民票上の住所」を併記します。

(2) 署名・捺印について

どのような契約書でも、契約締結の証しとして各当事者が署名（記名）捺印をするのが原則です。世界でも数少ない印鑑使用国である日本では、署名よりも印鑑が重視される慣習があります。そのため、契約書に署名（本人が自筆でサインすること）まではせず、記名（本人以外の者が名前を書くこと。印刷や社判、ゴム印などによる表示も含みます）した上で捺印をする場合がよく見られます。しかし、記名捺印に比べ署名捺印がされた契約書のほうが、証拠としての価値を高く認められることもありますので、とりわけ相手方が自然人の場合は契約の重要性や規模、リスクなどに応じて、署名捺印を活用しましょう。

捺印は、印鑑登録された印鑑によることが望ましく、契約書に印鑑登録証明書を添付することがさらに望ましいと言えます。なお、法人の場合、法人としての行為は代表者が行うことになりますので、代表者が署名（記名）し、登録された代表者印を捺印するのが原則になります。支店長や営業部長といった立場の人が、商法や会社法が定める権限などに基づいて代表者に代わって署名（記名）して捺印することもありますが、そのような場合は、その人に契約締結の前提となる地位や権限があることを、商業登記簿（登記事項証明書）などにより確実に確認しておく必要があります。

契約書が複数ページにわたる場合（別紙がある場合を含む）は、ページ番号を振った上、製本したり、各当事者が、各ページ間（袋とじの場合は袋とじ帯と裏表紙の間）に契印をしたりすることを忘れないようにしましょう。

また、契約書原本は、できれば当事者の数だけ作成し、その全てに各当事者が署名（記名）・捺印をして、各自一通ずつを保管します。契約書を作成した際には、必ず原本を持ち帰り（事情により原本を持ち帰ることができない場合も、その写しを持ち帰り）、契約書の内容をいつでも正確に確認できるよう、大切に保管しましょう。

（3）日付の記載について

契約書には日付欄を設け、契約書の作成日＝契約書に署名捺印された日を記載します。通常、契約書作成日が、契約成立日（意思が合致した日）とみなされます。

しかし、前述のとおり、契約書を作成しなくても契約は成立しますので、契約書作成日に先だって契約が成立しているということもあり得ます。このような場合で、契約書作成日とは別に契約成立日を明らかにしておきたい場合には、日付欄の契約書作成日とは別に、契約書の本文中に、「契約が成立した日」を記載します。日付欄に実際の作成日よりも遡った日付を記載してはいけません。

いわゆるバックデイトは、契約書全体の信用性にも影響を及ぼすおそれがあります。日付欄には、あくまでも契約書に署名捺印した日を記載するよう、注意してください。

なお、契約の効力を契約書作成日よりも後から発生させるためには、日付欄の契約書作成日とは別に、契約書本文中に、「契約の効力発生日」を記載します。

(4) 契約書のタイトルについて

「○○契約書」のように「契約書」と付くタイトル以外にも、「覚書」や「合意書」などのタイトルで作成される書面が見られます。いずれも、内容が当事者の「意思の合致」を示すもので、各当事者が署名（記名）・捺印している書面であれば、法律上の効力は、原則として契約書と変わりません。

ただし、「覚書」などのタイトルは、暫定的に合意をし、その後に正式な契約書を締結することを前提にした場合に使用されることも多い表現ですので、契約書を作成するときには、誤解が生じることのないよう、「契約書」と付くタイトルを使用することが確実であると考えられます。

(5) その他

契約書には、印紙税法に従い、その契約内容に応じた収入印紙を貼用しなければなりません。ただし、印紙の貼用忘れや印紙額の不足があったとしても、印紙税法違反にはなりますが、そのことで契約書がただちに無効になるわけではありません。

印紙税の概要や必要な印紙額などは、国税庁のホームページで確認することができます。

国税庁ホーム∨税について調べる∨タックスアンサー∨印紙税その他国税∨印紙税
http://www.nta.go.jp/taxanswer/inshi/inshi31.htm

また、契約書は、公正証書という形式で作成することもできます。公正証書とは、公証人が作成する公文書で、公正証書で作成した契約書の証拠としての価値は、非常に高く評価されます。

金銭の支払を内容とする公正証書に「債務不履行のときは、強制執行に服します」といった「執行認諾文言」と呼ばれる内容が記載されている場合は、裁判を経ないで強制執行手続をすることが可能になりますので、特に金銭の支払義務を負う契約の際は注意が必要です。

公証人や公正証書の詳細については、日本公証人連合会のホームページで説明されています。

日本公証人連合会　http://www.koshonin.gr.jp/index2.html

知っておきたい契約交渉のコツ

六波羅久代
弁護士

契約に至るまでには、多かれ少なかれ、相手方との交渉をすることになります。

相手方が契約書の作成に協力的で、適切な契約書が作成できることもありますが、相手方が契約書の作成に消極的であったり、作成を拒否したりという事態もあり得ます。そのような場合には、まず、こちら側から積極的に契約書の案文を示しましょう。案文を示すことで、相手方は心理的に契約書の作成を拒否しにくくなりますし、「あなたには手間をかけさせません」という姿勢を示すことにもなり、相手方が「面倒だから」という理由で契約書作成を拒んでいる場合には、効果があります。また、全ての内容を網羅した契約書の作成には応じてもらえなくとも、紛争が生じるおそれが大きいポイントや、契約の重要な部分、基本的な部分に内容をしぼった書面であれば、作成を説得できる場合もあります。

さらに、相手方に何の書面も作成してもらえない場合であっても、相手方とのやりとりをメールやファクシミリなどの方法で行い、契約が存在したことや、後に争いになりそうな点、重要な点などについてのやりとりを証拠化して保管しておくことも意味があります。

相手方との力関係などの事情で、こちら側の望む内容とは違う内容の契約書を締結せざるを得ない状況に追い込まれることもありえます。もちろん、なるべく避けるべき状況ですが、そのような場合は、締結する契約書の内容を精査し、「権利」「義務」の視点をもって、その契約のリスクを把握し、最悪の場合も含めたリスクを想定しなければなりません。そのうえで、経営判断をし、契約締結をやめることもひとつですし、リスクを認識したうえで、契約を締結することもまたひとつです。

以上のように、契約に至る交渉は、様々な工夫ができる作業であり、ビジネスを成功に導くために活用すべき場面であることを意識しておきましょう。

もしもトラブルになったら

六波羅久代
弁護士

ビジネスをしていると、時としてトラブル（紛争）が発生します。取引先とのトラブル、お客様とのトラブル、債権者とのトラブル、従業員とのトラブル、会社の支配をめぐってのトラブル、第三者とのトラブルなど、いずれについても、解決には法律的な知識が必要な場合があります。はじめたばかりのビジネスにおいても比較的よく生じるトラブルは、取引先やお客様との契約に関するもので、支払いを受けられない、納品を受けられない、契約に関して損害賠償を求められるなどがみられます。

トラブルが生じた場合には、どのように解決すればよいでしょうか。トラブルの解決手段としては、主に次のようなものが挙げられます。

(1) 交渉――フレキシブルな解決が見込める

特に何の手続も利用せずに、相手方と任意の話し合いで解決する方法です。最もフレキシブルな解決が見込める方法であると言えます。弁護士を代理人にして交渉をすることも可能です。

交渉により何らかの合意が成立した場合には、その合意内容を必ず書面（合意書）の形で残しておくことが適切です。

(2) 裁判所での手続

■調停――手続が簡単で費用も安い

主に簡易裁判所において行われる手続です。一対一での交渉では話し合いが進まなくなったときに、調停委員が当事者の間に入り、法律を基本にしながら話し合いによる解決をすることを目的とします。話し合いがまとまった場合は、合意の内容を記載した調停調書が作成されます。

この調停調書は、訴訟の確定判決と同様の効力を持ち、これに基づいて強制執行を申し立てることもできます。話し合いがまとまらない場合には、調停不成立として手続は終了します。

訴訟に比べて、非公開であること、手続が簡単であること、費用が安いことなどがメリットと言えます。弁護士を代理人とすることも可能です。

簡易裁判所の民事調停については、最高裁判所のホームページで詳細を確認することができます。

> 裁判所トップ∨裁判手続の案内∨裁判所が扱う事件∨民事事件∨簡易裁判所における民事事件∨民事調停　http://www.courts.go.jp/saiban/syurui/minzi/minzi_04_02_10.html

■訴訟——専門性の高い厳格な手続

地方裁判所（紛争の対象となる金額が一四〇万円以下の場合などは簡易裁判所）に提起された訴えについて、裁判官のもとで、相互に主張を行い、証拠調べ（証拠書類の取調べ、当事者や証人の尋問など）を行った上で、裁判官が法律に基づき判決をする手続です。訴訟の手続の中で、和解が成立し、和解により解決する場合も少なくありません。確定した判決の判決書や和解調書は、これに基づき強制執行をすることができる効力を持ちます。

また、訴訟を提起されて被告になった場合、訴状に対する反論の書面を提出せず裁判の期日にも欠席すると、そのまま敗訴判決が出されてしまう可能性があるので注意が必要です。

訴訟の対応は、本人が行うことも可能ですが、専門性の高い厳格な手続ですので、弁護士を代理人とすることが一般的です。

訴訟の手続については、最高裁判所のホームページに説明があります。

裁判所トップ＞裁判手続の案内＞裁判所が扱う事件＞民事事件
http://www.courts.go.jp/saiban/syurui/minzi/index.html

(3) ADR(裁判外紛争解決手続)

ADRとは、裁判手続によらない、仲裁や調停、示談あっせんなどによる紛争解決手続のことです。各地の弁護士会や(社)日本商事仲裁協会、日本知的財産仲裁センター、(財)全国中小企業取引振興協会など、様々な組織が、ADRを提供しています。

ADRは、非公開の手続であり、裁判所での手続に比べて一般的に費用が少なく済むなどのメリットもあります。ADRにおいても、弁護士を代理人とすることが可能です(詳しくは各ADR機関などにお問い合わせください)。

ADRについては、裁判外紛争解決のポータルサイト「ADR JAPAN」や、法務省運営のホームページ「かいけつサポート」などで情報が提供されています。

ADR JAPAN http://www.adr.gr.jp
かいけつサポート http://www.moj.go.jp/KANBOU/ADR/adr01.html

(4) 解決手段を選ぶために

以上のとおり、トラブル(紛争)を解決する手段には、様々なものがあり、各手段の効力や手続には色々な違いがあります。そのため、トラブルが生じたときには、どのような手段を利用して解決を図るのが適切であるか選択をしなければなりません。

解決手段の選択自体にも、専門的な知識が必要ですので、その際には、弁護士に相談することが望ましいと言えます。専門家と相談しながら、手続にかかる費用や時間、ビジネスにおけるそのトラブルの位置付けなどを踏まえ、経営的観点を含めて判断することが必要になります。

解決にあたって弁護士を代理人に立てるか否かについては、色々な考え方があると思いますが、少なくとも、裁判手続、特に訴訟においては、その専門性から、弁護士を代理人に立てることが必要でしょう。その他の手続でも、紛争の規模や重要性に応じて、弁護士を活用することをおすすめします。また、相手方が弁護士を代理人に立てている場合には、どのような手続であれ、こちらも弁護士を代理人としたほうが安全です。なお、弁護士を代理人として立てない場合であっても、弁護士に相談をしながら解決を図る方法もあります。例えば、相手方が弁護士を立てずに交渉を申し入れてきた場合で、相手方との関係上、こちら側がいきなり弁護士を代理人に立てると、相手方を刺激して交渉がうまくいかない可能性がある場合などは、交渉について弁護士に報告、相談しながら、交渉自体は自身（会社）が行うという方法が適切なこともあります。

Column

訴訟で勝つだけでは解決にならないことも

例えば、ある商品を取引先に500万円で販売して納期通りに納品をしたのに、取引先は支払期限を過ぎても代金を支払ってくれないというような場合、きちんとした契約書や納品書があれば、訴訟を提起し、その契約書等を証拠に、勝訴することができるでしょう。

しかし、勝訴判決が確定したとしても、それだけで500万円が手元に入ってくるわけではありません。取引先が判決に従って任意に支払いをしてくれなければ、強制執行という別の手続を裁判所に申し立てて、取引先の資産（不動産や動産、預貯金等）を差し押え、そこから回収を図るというプロセスが必要となります。この場合、別途、費用や時間がかかってしまいますし、取引先の資産が乏しい場合には、強制執行手続によっても結果的には500万円を回収できないという可能性もあるのです。

ケースによっては、このようなリスクを考慮し、相手方が任意に支払う可能性を高めるために、訴訟で判決を得るよりも、例えば金額の減額や分割払いなど何らかの妥協をしてでも、相手方も受け入れられる形で和解をする方が適切な場合もあります。

また、そもそも、大きな金額の取引をする際には、取引先の資産状況等を確認し、代金が支払われるまでは納品をしない契約にする、代金の回収に不安がある場合には取引をしない、などの対応を検討すべきです。

訴訟による解決が万能とは限りません。だからこそ、まずはトラブルを予防すること、トラブルが起きたら、どのような解決方法が適切であるかをケースバイケースでしっかり考えることが大切なのです。

（六波羅）

ビジネスに関係する基本的な法律

六波羅久代
弁護士

(1) トラブルを未然に防ぐために

ビジネスを成功に導くためには、法律を知り、守り、活用することが大切です。と言っても、法律の専門家ではない経営者の方にとっては、必要な法律の内容の全てを細かく理解することは、難しいのが現実でしょう。しかし、大切なのは、どのような法律があるのか、法律ではどのような考え方がとられているのか、という法律の大きな枠組みを理解することです。法律の大枠を理解していれば、ビジネスをするにあたって、取引で注意しなければならないポイントが見えたり、「何か法律上の問題があるかもしれない」という勘が働いたりすることができるようになります。つまり、法律の大枠を知ることで、問題意識を持ってビジネスに臨むことができ、必要に応じて専門家を活用し、法律的な問題や予想外のトラブルの多くを、未然に防ぐことができるのです。

では、ビジネスをするにあたって大枠を知っておくべき法律には、どのようなものがあるでしょうか。答えは、ビジネスの種類によって違います。法律には、数え切れない種類があり、業種やビジネスの内容によって、どの法律が関係するのかは異なるのです。中には、不動産取引や健康食品・機器の輸入・製造販売など特定のビジネスを行うこと自体に、許認可や登録を必要とする法律もあります。

とは言え、どのようなビジネスであっても必ず関係する基本的な法律や、幅広いビジネスに関係すると言える法律もあります。そこで、以下、どのようなビジネスにも必須と言えるような基本的な法律の紹介（172ページから173ページ）と、経営者であれば是非知っておきたい、比較的幅広い分野のビジネスに関係する代表的な法律の大枠の説明（174ページから194ページ）をしておきます。

なお、最近は、各省庁が運営するホームページで、各省庁が所管する法律についての情報が提供されており、その内容は、とても分かりやすく、大変充実しています。法律の大枠を把握するために、是非、各省庁のホームページも活用してみましょう。

（2） 基本的な法律——民法、商法、会社法

まずは、どのようなビジネスにも関係する基本的な法律として、民法、商法、会社法があります。

■民法

民法は、私人と私人の間の関係を規定する、最も基本的な法律です。ここに言う「私人」とは、

自然人（個人）はもちろん、会社などの法人も含む広い概念です。

ビジネスに関係する内容としては、取引をする場合の法律関係などが広く定められ、売買、消費貸借、賃貸借、請負、保証、債権譲渡、担保など、様々な種類の契約についての方法や権利・義務関係が定められています。

■商法

商法は、民法の特別法と位置付けられています。特別法とは、簡単に言うと、民法が規定しているある事項に関して、商法にも規定がある場合に、商法が適用される法律関係においては、商法の規定が民法の規定に優先するという意味です。例えば、民法においては、債権の消滅時効の期間は、原則十年と定められていますが、商法が適用される債権については、商法に定められている五年が原則となります。ビジネスをする場合、基本的には商法が適用される取引をすることが一般ですから、民法とともに、ビジネスには必須の法律と言えます。

■会社法

株式会社をはじめとする、各種の会社の設立、組織、機関、社員の権利義務関係、株式の種類や内容などを定めた、会社を経営する場合には必須の法律です。どのような会社を設立するか、どのような株式を発行するか、重要事項を意思決定する際に会社としてどのような手続が必要かなど、会社経営の様々な場面で参照すべき法律と言えます。

ビジネスに関係する具体的な法律――取引編

六波羅久代
弁護士

(1) 消費者契約法

消費者契約法は、消費者と事業者との間の情報格差や交渉力格差に着目し、消費者保護の観点から、消費者と事業者との間で締結される契約について規定する法律です。消費者を相手にビジネスをする場合には必ず注意が必要な法律と言えます。

主に、

① 事業者の行為により消費者が誤認し、または困惑した場合について、消費者は契約の申込みまたはその承諾の意思表示を取り消すことができること

② 消費者の利益を不当に害することとなる契約の条項の全部または一部を無効とすること

などが定められています。

①については、例えば、実際には築五年のマンションを、築三年と説明して信じさせて販売した場合など、不実告知により誤認させた(事実と異なる内容を伝えてそれを信じさせた)場合や、こ

の銘柄は必ず値上がりすると言って信じさせ株式を販売した場合など、断定的判断の告知により誤認させた（確実でないものを確実であるかのように説明してそれを信じさせた）場合などに、消費者が契約を取り消すことが可能になるということです。

②については、例えば、「弊社は、いかなる場合も一切損害賠償責任を負いません」「弊社は、人的損害についてのみ責任を負い、物的損害については一切損害賠償責任を負いません」など事業者の損害賠償責任を不当に免除する条項などは無効とされる可能性があるということです。

消費者契約法の観点からは、消費者との間で取引をする場合には、消費者に誤認、困惑が生じないように配慮し、フェアな契約条項を心がけることが必要だということが言えます。

ビジネス上、消費者との間で頻繁に使用する契約書のフォームなどを持つような場合には、消費者契約法の観点も含め、弁護士など専門家のチェックを受けておくことも検討するとよいでしょう。

消費者契約法全般については、消費者庁が運営する「消費者の窓」というホームページに、逐条的な解説やポイントの解説などが掲載されています。是非参照してください。

消費者の窓トップ∨関係法令∨消費者契約法
http://www.consumer.go.jp/kankeihourei/keiyaku/index.html

(2) 特定商取引法

最近は、インターネットを利用したビジネスがとても多くなっていますが、インターネットによる販売をする際に注意が必要な代表的な法律として、特定商取引法(特定商取引に関する法律)が挙げられます。

特定商取引法は、通信販売や訪問販売、電話勧誘販売などを行う事業者を規制する法律で、これらの販売方法の特殊性により消費者に不利益が生じることを防ぎ、消費者を保護することを目的としています。

特定商取引法の「通信販売」には、インターネットによる販売も含まれます。

通信販売においては、販売条件などの情報は、広告(ホームページなども含みます)を通じてのみ提供されることが一般的で、消費者は広告をもとに契約を申し込むか否かを判断することが通常です。そこで、特定商取引法は、通信販売を行う場合の広告について、

① 広告に一定の事項を表示しなければならないこと

② 誇大広告をしてはならないこと

などを定めています。

①の広告に表示しなければならない事項の内容は、具体的には、販売価格、送料、代金の支払時

期・方法、商品引渡し時期、返品の可否・条件、申込みの有効期限、販売数量の制限、販売業者の名称・住所・電話番号・代表者名・担当者名、代金以外に消費者が負担すべき金銭の内容と金額などです。なお、一定の条件を満たせば広告での表示を省略することが可能なものもあります。

インターネットでの販売の場合は、表示義務のある事項をホームページ上で「特定商取引法に基づく表示」としてまとめて表示することが一般的です。

②で禁止される誇大広告とは、一定の事項につき、「著しく事実に相違する表示」や「実際のものより著しく優良であり、もしくは有利であると誤認させるような表示」をすることです。例えば、外国産の牛肉について、「国産牛」と表示することなどは誇大広告となります。

その他にも、特定商取引法における通信販売では、消費者が代金の一部または全部を前払いする支払方式の場合には、事業者は、代金を受け取ったら、申込みを承諾するか否か、事業者の名称、住所、電話番号、受領した金額とその受領日、申込みを受け付けた商品およびその数量、商品の引き渡し時期などを記載した書面を渡すことを義務付けられています。インターネット販売の場合は、これらの事項を、画面に表示するまたは事前に消費者の承諾を受けたうえでメールで送るなどの方法で表示しなければなりません。

また、特定商取引法においては、「顧客の意に反して通信販売の契約の申込みをさせようとする行為」などが規則の対象とされており、特にインターネット販売の場合は、申込み画面の表示内容に注意が必要です。

特定商取引法では、本書に記載した以外にも、様々な形態の取引について、様々な規定がされています。

消費者庁運営のホームページでは、本書に記載した内容も含め、特定商取引法全般についての説明がされていますので、是非参考にしてください。

消費生活安心ガイドホーム∨調べる∨特定商取引法とは
http://www.no-trouble.jp/search/#1200000

また、通信販売のビジネスを行う場合は、特定商取引法に基づく公益法人である「公益社団法人日本通信販売協会」が提供するガイドラインを確認しておきましょう。ガイドラインは、ホームページで公開されています。

日本通信販売協会トップ∨協会ガイドライン
http://www.jadma.org/guideline/index.html

（3）景表法

景表法（不当景品類及び不当表示防止法）は、不当表示や過大な景品類の提供を規制することで、消費者が適正に商品やサービスを選択できるようにすることを目的とした法律です。

景表法の規定は、大きく、①不当な表示に関する規制と、②不当な景品類に関する規制に分けられます。

■不当な表示に関する規制

・優良誤認表示の禁止

商品やサービスの品質、規格、性能、その他内容について、実際のものより著しく優れているかの誤解を生じさせる表示や、事実に反して競業者のものよりも著しく優れているとの誤解を生じさせる表示は禁止されています。

例えば、化学繊維も使用している洋服について「天然繊維一〇〇%」という表示をする、家電について、他社製品にも搭載されている機能を「この機能は当社製品だけ」と表示するなどがこれにあたります。他社との比較広告を行う際には要注意です。

・有利誤認表示の禁止

商品やサービスの価格などの取引条件について、実際よりも著しく有利な条件で販売されているかの誤解を生じさせる表示や、事実に反して競業者のものよりも著しく有利であるとの誤解を生じさせる表示は禁止されています。

例えば、実際のメーカー希望小売価格が一、〇〇〇円であるのに「希望小売価格一、二〇〇円を九〇〇円で販売」と表示する、実際には平常価格の二割引なのに「当店平常価格の三割引」と表示する、実際にはそうでないのに「地域一番の安値」と表示するなどがこれにあたります。

・その他内閣総理大臣が指定する表示の禁止

例えば、無果汁の飲料のパッケージに果物の絵や名称を表示することなどがこれに該当します。

■不当な景品類に関する規制

商品やサービスを販売、提供する際に景品を付ける場合について、景品が過大なものになることがないよう、景品を付ける方式ごとに、その金額の上限が定められています。

例えば、購入した商品に当たりくじがついていると景品がもらえるような懸賞による景品は、景品の最高額は、商品やサービスの価格の二〇倍（十万円を超える場合は十万円）を超えてはならないことなどが定められています。

景品を利用したビジネスをする場合には、注意が必要です。

消費者庁のホームページでは、景表法全般についての説明が詳しくされていますので、参考にしてください。

消費者庁ホーム∨表示∨景品表示法
http://www.caa.go.jp/representation/index.html#m01

(4) 個人情報保護法

個人情報保護法（個人情報の保護に関する法律）は、個人情報を取り扱う一定の事業者に対するルールを定めることで、個人情報の活用の必要性に配慮しながら、個人の権利・利益を保護することを目的とする法律です。

個人情報とは、生存する個人に関する情報で、特定の個人を識別できる情報と定義され、非常に幅広い情報が個人情報に該当すると考えられています。

個人情報をデータベース化している事業者で、データベース化されている個人情報により特定される個人の数が過去六ヶ月において五、〇〇〇人を超えたことのある事業者は、「個人情報取扱事業者」として、個人情報保護法の規制の対象となります。

個人情報の定義や、個人情報取扱事業者の定義の詳細については、消費者庁が運営する旧国民生活政策ホームページを参照してください。

旧国民生活政策>個人情報の保護>個人情報保護法に関するよくある疑問と回答
http://www.caa.go.jp/seikatsu/kojin/gimon-kaitou.html

個人情報保護法は、個人情報取扱事業者について、以下の義務などを定めています。

■利用、取得に関する義務

・個人情報の利用目的をできる限り特定し、その目的の範囲を超えて利用してはならない
・個人情報を、偽りその他不正な手段で入手してはならない
・本人から直接書面で個人情報を取得する場合は、利用目的をあらかじめ明示し、間接的に取得した場合には、利用目的を通知または公表しなければならない

■適正、安全な管理に関する義務

・個人情報を安全に管理するために、技術的措置、組織的措置を講じ、管理担当の従業員や委託先を監督しなければならない
・利用目的の範囲内で、個人情報の正確性・最新性を確保しなければならない

■第三者提供に関する義務

・個人情報を第三者に提供する場合には、一定の場合を除き、あらかじめ本人の同意を得なければならない

■本人からの求めに応じる義務

・本人から、利用目的通知の求め、個人情報の内容の開示・訂正等の求めがあった場合には、その求めに応じなければならない

現在は、ビジネスをする際には、個人情報をデータベース化して管理していることが一般的です。取り扱う個人情報が五、〇〇〇人分を超える可能性がある場合には、個人情報保護法を確認しておきましょう。

個人情報保護法については、消費者庁運営のホームページに解説があります。

旧国民生活政策＞個人情報の保護
http://www.caa.go.jp/seikatsu/kojin/index.html

(5) 製造物責任法（PL法）

製造物責任法（PL法）は、製造物の欠陥により人の生命、身体または財産にかかる被害が生じた場合に、製造業者など一定の者に、故意過失を問わずに責任を負わせる法律です。製造物の欠陥により被害を受けた被害者を円滑に救済することを目的としています。

民法では、故意であった場合か過失があった場合でなければ、損害賠償責任は発生しないと定められていますが、製造物責任法では、消費者を中心とする被害者を円滑に救済するために、故意ではなく、過失もない場合であっても、一定の場合に損害賠償責任を認めているのです。

製造物とは、製造または加工された動産で、不動産や、電気、ソフトウェアなどの形のない物は含まれませんが、これらを除けば、市場を流通している物の多くは製造物に該当すると言えます。

製造物責任法では、製造物に欠陥があり、その欠陥が他人に損害を与えた場合には、

① その物の製造業者、加工業者、輸入業者

② その物に氏名、商号、商標などを表示し、またはその物の製造業者と誤認させるような氏名などを表示した者

③ その物の製造、加工、輸入または販売にかかる形態その他の事情からみて、その物の実質的な製造業者と認めることができる氏名などの表示をした者

が、故意過失を問わない損害賠償責任（これを製造物責任と言います）を負うと定められています。

注意すべきなのは、製造業者、加工業者、輸入業者ではなくても、その物に、氏名、商号、商標などを表示した場合には、製造物責任を負う可能性があるという点です。

例えば、製造、加工、輸入には何も関わっていない単なる販売業者であっても、商品に「企画販売○○」などと社名を表示した場合は、その商品の欠陥により他人に損害が生じた場合、損害賠償

責任を負うリスクがあると考えられます。

製造物に氏名や商号、商標などを表示する場合には、十分にリスクを検討しなければなりません。

製造物責任法については、消費者庁運営の「消費者の窓」というホームページに解説があります。

消費者の窓トップ＞関係法令＞製造物責任（ＰＬ）法
http://www.consumer.go.jp/kankeihourei/seizoubutsu/index.html

ビジネスに関係する具体的な法律──知的財産編

六波羅久代
弁護士

(1) 商標法

商標法は、商標制度について規定する法律です。商標とは、自己の取り扱う商品、サービスを、他者の商品、サービスと区別するために、その商品やサービスに関連して使用するマークのことです。商標は、①文字、②図形、③記号、④立体形状、⑤①～④の二つ以上が組み合わさったもの、⑥①～⑤のいずれかと色彩が組み合わさったもの、のいずれかである必要があります。

ビジネスをする際には、販売する商品にマークをつけたり、店舗やホームページ、名刺、包装紙などにマークをつけたりすることがありますが、これらのマークは全て商標に当たります。つまり、様々なビジネスにおいて、商標についての理解が必要となります。

商標制度について理解するためには、商標登録という制度を知ることが大切です。

特許庁に対し、特定の商標について、使用する商品または役務（サービス）を指定して登録出願をすると、審査の結果一定の要件を満たしていると判断された場合は、その商標につき商標権が設定登録されます。これを商標登録と言い、登録された商標を登録商標と言います。商標権の存続期間は十年間ですが、十年毎に更新することが可能です。

商標権を取得すると、①出願時に指定した商品または役務（サービス）について、登録商標を独占的に使用することができ、②他人が登録商標と同一または類似の範囲内で登録商標を使用するなどの行為をした場合に、商標権の侵害行為として、その行為の差し止めや、損害賠償の請求などをすることができます。したがって、商標を使用するにあたっては、まずは、差し止めや損害賠償の請求をされることがないよう、使用する商標が、他人の登録商標の商標権を侵害していないかに注意しなければなりません。

なお、特許電子図書館のホームページでは、登録されている商標の検索、閲覧が可能です。

特許電子図書館　http://www.ipdl.inpit.go.jp/homepg.ipdl

そして、商標を使用する場合は、他人にその商標を使用、悪用されることがないよう、一般的には、必要な範囲で商標登録をしておくことがベストであると言えます。

また、商標には、その商品やサービスの出所を表示する機能、品質を保証する機能、広告・宣伝する機能といった、とても重要な機能がありますので、他人に商標の使用を許す場合には、必ず契約書を作成し、使用を許諾する範囲や期間、対価、満たすべき品質などを明確にしておかなければなりません。

商標登録手続や商標制度全般については、特許庁のホームページを参考にしてください。

特許庁ホーム∨商標について　http://www.jpo.go.jp/index/shohyo.html

（2）意匠法

意匠法とは、意匠制度について規定する法律です。意匠とは、物品あるいは物品の部分における形状、模様、色彩またはこれらの結合によるデザインのことです。商品そのもののデザインはもちろん、商品の容器のデザインや、一定の画面デザイン（物品の成立性に照らして不可欠で、物品自体が有する機能により表示されている画像、物品の機能を発揮する状態にする際に必要となる操作に使用される画像、例えば、液晶時計の時刻表示部分や携帯電話のメニュー表示画面、操作画面など）なども意匠に含まれますので、幅広い分野のビジネスに、意匠制度が関係します。

意匠についても、意匠登録という登録制度があります。特許庁に対し、特定の意匠について登録出願をすると、審査の結果一定の要件を満たしていると判断された場合は、その意匠の意匠権が登録されます。意匠権の存続期間は二〇年間で（二〇〇七年三月三一日以前の出願にかかる意匠登録については最長十五年です）、期間更新の制度はありません。

意匠権を取得すると、登録された意匠を実施する権利を専有することができ、登録意匠と同一およびこれに類似する意匠を使用する他人に対し、意匠権侵害として、差し止めや損害賠償請求をすることができます。したがって、意匠を使用するにあたっては、商標の使用と同様に、使用する意匠が、他人の登録意匠の意匠権を侵害していないかに注意しなければなりませんし、一般的に、使用する意匠を意匠登録しておくことが望ましいと言えます。

特許電子図書館のホームページでは、登録されている意匠について検索、閲覧が可能です。

特許電子図書館　http://www.ipdl.inpit.go.jp/homepg.ipdl

意匠登録手続や意匠制度全般については、特許庁のホームページを参考にしてください。

特許庁ホーム＞意匠について　http://www.jpo.go.jp/index/isho.html

(3) 特許法・実用新案法

技術の発明、考案にかかるビジネスにあたっては、特許制度について規定する特許法や実用新案制度について規定する実用新案法を理解した上で、技術の活かし方の戦略を検討する必要があります。両制度についても特許庁のホームページを参考にしてください。

特許庁ホーム>特許について　http://www.jpo.go.jp/index/tokkyo.html
特許庁ホーム>実用新案について　http://www.jpo.go.jp/index/jitsuyou.html

⑷　著作権法

著作権法とは、著作物にかかわる権利について規定した法律です。

著作物とは、思想または感情を創作的に表現したものであって、文芸、学術、美術または音楽の範囲に属するものと定義されますが、具体的には、小説、論文、作文、記事、詩歌、脚本などの文章、講演などでの発言内容、楽曲や歌詞、振り付け、絵画、彫刻、版画、舞台装置、美術工芸品、地図、設計図、図表、グラフ、数表、分析表、芸術的建築物、映像、写真、コンピュータプログラムなど、非常に幅広い創作物が著作物に当たります。

著作物については、著作者（著作物を創作する者）や著作隣接権者（著作物に関わる一定の者：実演家、レコード製作者、放送事業者など）が、著作権、著作隣接権と呼ばれる権利を有しています。そのため、権利者に無断で著作物を取り扱う（複製、上演、展示、演奏、上映、譲渡、貸与、頒布、公衆送信、改変など）と、差し止めや、損害賠償を請求されるおそれがあります。

例えば、他人が作成した画像を広告で使用するなど、ビジネスにあたって著作物を取り扱う場合は、あらかじめ、権利者から許諾を受け、許諾に関する契約書を作成しておくことが必要です。

また、特にデジタルコンテンツについては、コピーや加工が簡単であるという性質から、著作権侵害の問題が生じる可能性が高いと言えますので、自身が権利者である場合も含め、その取扱いには十分に注意しましょう。

著作権法については、文化庁のホームページに説明が掲載されています。

文化庁ホーム＞著作権　http://www.bunka.go.jp/chosakuken/index.html

(5)　不正競争防止法

不正競争防止法とは、不正な競争を防止することで、事業者間の公正な競争を確保し、経済を健全に発展させることを目的とした法律です。

不正競争防止法では、不正競争行為に対する差し止め請求権と、不正競争行為によって他人の営業上の利益（権利）を侵害した者の損害賠償責任が定められています。ビジネスを行うにあたっては、不正競争行為を行うことがないよう注意し、自身の営業上の利益（権利）を侵害するような不正競争行為を行う他者に対しては、差し止め請求や損害賠償請求を検討することが必要になります。

不正競争防止法が定める「不正競争行為」の概要は、以下のとおりです。

■混同惹起行為

他人の商品・営業の表示（商品等表示）として需要者に広く認識されているものと同一または類似の表示を使用し、その他人の商品・営業と混同を生じさせる行為です。

例えば、周知されている他社のお菓子のパッケージとよく似たパッケージを使用したお菓子を販売する、周知されている他社の家電製品のデザインとよく似たデザインの家電製品を販売するなどがこれに該当します。

■著名表示冒用行為

他人の商品・営業の表示（商品等表示）として著名なものと同一または類似の表示を、自己の商品・営業の表示として使用する行為（実際に混同が生じる可能性がなくても不正競争行為となります）です。

例えば、誰もが知っている有名メーカーである他社のロゴに似たロゴを、そのメーカーが扱っていない商品やサービスに表示することなどがこれに該当します。

■商品形態模倣行為

他人の商品の形態を模倣した商品を譲渡などする行為です。

例えば、他社のブランドのバッグのデザインをまねたデザインのバッグを販売することなどがこれに該当します。

■営業秘密にかかる不正行為

・窃取、詐欺、強迫その他不正の手段により営業秘密を取得する行為（不正取得行為）、不正取得行為により取得した営業秘密を使用し、または開示する行為
・不正取得行為が介在した営業秘密につき、不正取得行為が介在したことを知って、または重大な過失により知らないで、使用し、または開示する行為
・不正の利益を得る目的または保有者に損害を加える目的で営業秘密を使用し、または開示する行為（不正開示行為）
・不正開示行為による開示であることを知って、または重大な過失により知らないで、営業秘密を取得する行為など

■技術的制限手段に対する不正行為

技術的制限手段により、視聴、記録、複製などが制限されているコンテンツの視聴、記録、複製を可能にする（迂回する）機器またはプログラムを譲渡、提供などする行為です。

例えば、コピーガード処理がされているＤＶＤをコピー可能にするキャンセラー・ソフトの販売などがこれに該当します。

■ドメイン名にかかる不正行為

不正の利益を得る目的または他人に損害を加える目的で、他人の氏名や商号、商標など、他人の

商品やサービスに関する表示と同一または類似のドメイン名を使用する権利を取得、保有する行為、そのようなドメイン名を使用する行為です。

■誤認惹起行為

商品やサービス、その広告などに、原産地、品質、内容、製造方法、数量、内容などについて誤認させるような表示をする行為などです。

例えば、酒税法上みりんには当たらない調味料について「本みりん」と表示して販売することなどがこれに該当します。

■信用毀損行為

競争関係にある他人の営業上の信用を害する虚偽の事実を告知し、流布する行為です。

不正競争防止法の詳細については、経済産業省のホームページで確認することができます。

経済産業省トップ＞政策別に探す＞経済産業＞知的財産の適切な保護＞知的財産政策／不正競争防止＞不正競争防止法説明資料
http://www.meti.go.jp/policy/economy/chizai/chiteki/unfair-competition.html

コンプライアンス――法律以外に意識すべき「ルール」

六波羅久代
弁護士

(1) まずは法律のイメージをつかむ

ここまでの説明を読まれて、「やっぱり法律は難しそうだ」と思われた人もいるかもしれません。しかし、ざっくりと内容を把握しておくだけでも、実際のビジネスの場面で、「何かこういうことは法律的に問題があったような気がする」という勘が働くようになると思います。こうした勘が働けば、あとは調べたり、専門家に相談したりできるのですから、最初から細かいことまで理解しようとせず、まずはイメージをつかむことからはじめてみましょう。

ご紹介した法律以外にも、ビジネスの分野ごとに、必要な法律は様々です。ビジネスを進める中で、見たり聞いたりした法律については、所管の省庁のホームページなどで、法律の概要やポイントをチェックするように心がけましょう。

(2) 法律以外にも守らなければならない「ルール」

法律を守ることの大切さは、これまで繰り返しご説明したとおりですが、ビジネスをするうえでは、法律以外にも様々な「ルール」を守る必要があります。

コンプライアンス（Compliance）という言葉を聞いたことがあるのではないでしょうか。コンプライアンスとは、直訳すれば「適合性」です。ビジネスは、様々な環境・条件やその変化に適合してゆかなければならず、「適合」することができないと、思うように売上が伸びなかったり、市場から排除されたりしてしまいます。

適合すべき環境・条件の中でも重要なものが法律であり、コンプライアンスを「法令遵守」と訳すことがあるのはそれ故です。しかし、ビジネスには、必ずこれを取り巻く様々な関係者（ステークホルダー）がいます。顧客、消費者、取引先、株主、債権者、従業員、業界団体、地方自治体、地域社会、国などの全てが、広い意味でステークホルダーであり、これらステークホルダーの期待・要求も適合すべき環境・条件なのです。

つまり、法律などの公的な法規範を守ることは当然、これまでにご説明した契約の内容も守らなければなりません。その他にも、業界ルールや社内規則・規範、社会常識など、倫理面を含めたあらゆる「ルール」を守り、社会的責任を果たすことがコンプライアンスなのです。

(3) 反社会的勢力の排除

コンプライアンスを考える上で、近時、最も重要なテーマのひとつが反社会的勢力の排除です。二〇一一年十月までに、全国の都道府県において「暴力団排除条例」が制定・施行されました。「暴力団排除条例」では、限られた例外を除き、暴力団等の反社会的勢力との一切の取引が禁止されています。これは、反社会的勢力と取引をすることは、対価性のないもの（みかじめ料を支払う等）に限らず、対価性のあるもの（適正な賃料で組事務所用に建物を貸す等）であっても、反社会的勢力が活動するきっかけを与え、ひいては反社会的勢力を助長することにつながる、という考え方によるものです。

そのため、契約に先立ち相手方が反社会的勢力ではないか確認し、また、契約後に反社会的勢力であることが判明した場合に備えて、契約書にこの場合には契約を解除できる旨を定めておくよう努めることが必要です。反社会的勢力との付き合いが、その人や会社の社会的地位の喪失や倒産に直結したケースは、ご記憶に新しいと思います。

しかし、反社会的勢力と付き合ってならないのは、「暴力団排除条例」を遵守し、反社会的勢力を排除すべきとする社会的要求に適合することだけが理由ではありません。あなたのビジネスが軌道に乗ると、彼らはどこからともなく現れます。最初は、資金の提供であったり、トラブルの相談であったり、あるいは飲食での供応や異性の紹介であったりしますが、彼らの目的は、あなたを取り込み、あなたのビジネスを吸い尽くすことです。反社会的勢力に取り込まれた被害者から「いい人だと思っていたのに」と聞くことがありますが、反社会的勢力が「いい人」の訳がないことは、冷静に考えれば明らかでしょう。

あなたの大切なビジネスを守るためにも、反社会的勢力とは付き合ってはならず、誤って付き合ってしまった場合は、直ちに警察や弁護士に相談してください。

第6章
お金がない！　人脈がない！

いい人材を採用するために

取引先と出会うコツ

お金が残る小さな工夫

借入するかしないか、それが問題だ

金銭トラブルを防止したい！

経営計画を作ってみよう

意外な敵は身内にあり？　～あとがきに代えて～

いい人材を採用するために

石井清香
社会保険労務士

(1) 実はヒト資源の入手がもっとも難しい?

経営の四要素は、ヒト・モノ・カネ・情報といわれます。

このうち実はヒト資源の入手がもっとも難しいといえるでしょう。ヒトの問題で苦慮する経営者に共通しているのは、パソコンなどの機器や什器、備品を購入するのと同じ感覚で採用してしまうことです。「どうせ使えなかったらやめさせればいいんだ」などと思って採用する経営者は少なくありません。

創業期には部下は生活をともにする肉親に近い存在となるため、採用する人の能力もさることながら、経営者の経営理念に賛同してくれる、そして経営者自身との相性も考慮に入れることが大切になってきます。そして、ヒトの場合、モノと違って、社風に合わないから、能力不足だからといって「捨てる」ことはできません。「労働者は商品ではない」(ILOフィラデルフィア宣言)のであって、簡単には辞めさせられないことを忘れないでくださいね。

人を募集する時には、ハローワークに求人を出したり、求人雑誌や求人サイトに掲載したり、新聞の折り込みチラシに掲載したり、自社のホームページに掲載したり、職業紹介会社から紹介を受けたりとさまざまな方法があります。

また、就職説明会の開催や学校訪問などにより人材を確保するといった工夫も必要です。ネームバリューのある大企業と違い、待っているだけで人が集まることはないと思ったほうがよいでしょう。

(2) 人材育成

日本は、今後、かつてない少子高齢化時代を迎え、二〇二五年には六五歳以上の人口が全体の二五％に達します。つまり四人に一人は六五歳以上という超高齢化社会になります。

また、終身雇用制が崩れ、経済環境の急激な変化によりリストラ、倒産、早期退職を余儀なくされたりするなど、環境はどんどん変化しています。そのため、従来の組織を中心とした仕事観にもとづくキャリア形成に加えて、組織に拘束されることなく主体的、自律的にキャリア形成を志向したりするようになってきました。そして、仕事だけではなく生活全般を視野においた生き方を選択するような人生観・仕事観の多様化により、セカンドキャリア、サードキャリアなどもめずらしくなくなりました。

労働力が流動化し、働き方の選択の機会が増えたことにより、いい人材を採るという視点より、人材をどのように育成し活用していくのかがますます重要になってきます。

採用選考の視点についても健康で勤務態度に問題なさそうだということだけではなく、キャリアコンサルタント的な視点を持ち、公私共に今まで経験してきたこと、職歴を通して会社において活用できる特性を見極めていくことも大切です。

この点、会社で何を身につければいいか、身につけることができるのかを整理し、体系的にスキルアップできるような教育プログラムを整備している会社もあります。また、明確な目標管理を行い、それを社長が直接評価するといった人事制度を設けている会社もあります。資格の取得を支援するような制度も考えられますね。

さらに、これからの時代、女性をいかに活用するかも重要です。女性の教育水準は格段に向上していますし、男性と違った意味で、まじめで向上心を持っている人が多く、企業にとって重要な戦力になることが考えられます。その上、買い物をする客層は女性が多いですから、そうした消費動向を戦略的に企業経営に生かす上でも女性の視点の採用が重要でしょう。

この点、政府は、会社の女性従業員受け入れ体制づくりをサポートする姿勢を示しており、パートが正社員になったり、家庭との両立支援策を導入したりしたら助成金を出してくれる等の制度を設ける等していますので活用を考えてみるとよいでしょう。

いずれにしても、就業規則（137ページ参照）や教育プログラムなど適切な環境を整え、会社の方から従業員や労働市場にアピールするといった戦略が大切です。

（3）職場のメンタルヘルス

■メンタルヘルスの重要性

長く働き続けてもらうために、近年、重要になってきているのが「メンタルヘルス」です。いろいろな統計調査を見ると、心の健康問題を持つ労働者が年々増加傾向にあります。

過労による自殺で問題となった「電通事件」。これはうつ病で自殺をした従業員について、その遺族が会社側の安全配慮義務違反を理由に損害賠償を求めた事件です。裁判所もその自殺は会社側が漫然とその従業員に過度の長時間労働を強いたことに起因すると判断し、最終的には会社側が遺族に一億六、八〇〇万円を損害として賠償したのです。これを皮切りにうつ関係の労災認定も増えてきています。会社の規模を問わず発生する問題ですから、きちんと対策を立てておかなければ思わぬところで足元をすくわれかねないのです。

■四つのケア

厚生労働省ではそのような背景を受け、職場に存在するストレスの原因となる要因は労働者自身の力だけでは取り除くことができないものもあることから、こころと体の健康づくりを推進するため、四つのケアを職場で実施するよう推進しています。

四つのケアとは「セルフケア」、「ラインによるケア」、「事業場内産業保健スタッフ等によるケア」、「事業場外資源によるケア」です。

小規模事業所であればまず、「セルフケア」と「ラインによるケア」を行いながら、地域産業保険センター等の事業場外資源を活用することが有効です。

「セルフケア」とは、従業員、管理者自らがストレスや心の健康について理解し、自らのストレスを予防、軽減するよう努めることです。会社としては「セルフケア」に関する教育研修や情報提供などを行い、心の健康に関する理解の普及をしていくことが必要になってきます。ストレスなどの気づきのために、市販のストレスチェック表を使用してみるのも良いでしょう。

「ラインによるケア」とは、管理者が、心の健康に関して、作業環境や作業方法、施設や設備、労働時間、仕事量、ハラスメントを含む職場の人間関係などの職場環境等の把握と改善を行い、また、従業員の相談対応をする、経営者はそれを支援をしていくことです。そのためにはやはり、管理者に対し、教育研修や情報提供を行っていくことが必要です。

いずれにしても、健康診断を年一回は実施し、長時間労働とならないように時間管理に配慮し、従業員とコミュニケーションをとり様子を常に把握しておくことが大切です。また、産業カウンセラーや精神科の産業医との提携もおすすめです。なお、地域産業保健センターでは、メンタルヘルス研修用のビデオを無料で貸し出していますのでご活用くださいね。

Column

「脱」長時間労働そして、ダイバーシティな人材活用を!!

わが国では、年間自殺者が3万人を超すという異常な事態がもう10年以上も続いています。この原因の一つに職場における「うつ病」の広がりがあるといわれていて、メンタルヘルスの重要性が高まることになった背景がここにあるというわけです。

職場における「うつ病」の原因の一つは、長時間労働です。長時間労働に、仕事のプレッシャーやハラスメントあるいは職場の人間関係等のストレスが加わると「うつ病」へと発展する可能性があるのです。

一方で日本の労働生産性は、OECD諸国でも下位、主要先進7カ国の中では、最下位という現実があります。つまり長時間労働の背景には、一人ひとりの労働生産性の低さに加え、組織上の問題があると考えられるのです。企業は、従業員を長時間働かせるという発想ではなく、業務の見直しを図り、従業員の能力開発を支援し、「量」に頼るのではなく、高度な「人財」の確保、育成に努めることが大切なのではないでしょうか。

効率化を図った社内環境は、会社独自の戦略的な人材活用を可能にします。例えば、テレワーク（＝在宅勤務）を活用したり、労働時間を柔軟にすることで、社員の生活の状況を考慮した労務管理が可能となり、子どもを持つ女性や介護家族を持つ従業員、高齢者でも能力を発揮する場を提供することができます。つまり多様（＝ダイバーシティ）な人材活用ができるのです。

これからは、顧客の多様なニーズに対応し、魅力的な商品を生み出していくためにも、悪しき慣行とも言うべき長時間労働システムを大胆に見直して、多様な人材を採用することで、多様な価値観を会社に注入することも大切でしょう。そしてこれまで「労働」にあてていた時間を自己啓発にあてることにより、会社全体のイノベーションが可能になるかもしれません。

業務の改善を図り、一人ひとりの効率を上げるよう人材教育していくことが、強い会社になっていく一つの方法だと言えそうです。

（石井）

取引先と出会うコツ

平林亮子
公認会計士

(1) 会社を設立するのは売上先を見つけてから

会社を設立しても、あなたの商品やサービスを売る相手がいなければビジネスは成り立ちません。

そのため、

① すでに取引先を確保している

② 販売戦略が定まっている

という状況でない限り、そもそも起業することを見合わせることも検討してみて下さい。

どんなによい商品やサービスを提供していても、それを購入してくれる人がいなければ経営はできません。よい商品やサービスを提供するのはビジネスの「前提」であり、それを買ってもらうことで経営が成り立つのだと肝に銘じてください。

(2) 自分なりの人脈形成術を見つけよう

そうはいっても、必死になって商品やサービスを売りつけようとしても、そう簡単に買ってもらえるとは限りません。しつこいセールスマンからモノを買う気にならない人が多いことは容易に想像できるでしょう。

そこで重要になるのが、いわゆる人脈です。お客さんを見つけるためにも、ビジネスを宣伝するためにも、情報収集のためにも、ベンチャー企業において重要になってくるのは人とのつながりなのです。潤沢な資金があれば別かもしれませんが、そうでなければ周囲の人に助けてもらうしかないからです。

倒産することなく、何年もビジネスを続けているベンチャー企業の経営者に共通してみられる周囲とのかかわり方の特徴は、

① 人と会うことに関してのフットワークが軽いこと

② ビジネスについて周囲によく話をすること

です。あとは、「自分で責任を持って生きる覚悟」ができているかどうかだと、多くの経営者が口をそろえて言います。

■まずはどんな人とでも会ってみる

前述したような経営者は、年齢や性別、相手の経歴などをあまり気にせず、時間があればとりあえず誰にでも会いに行きます。知り合いから声がかかれば、それがどんな集まりなのか事前に詮索することなくでかけていきます。

なぜなら、どこにどんな情報やチャンスが落ちているかわからないからです。「誰が来るか」「どんなチャンスがあるか」「自分にメリットがあるのか」を事前に確かめようとして、自らそのチャンスの間口を狭めてしまっては、もったいないのです。

ベンチャー企業では、一〇〇人に会ったらそのうちの一人と何か進展があれば良いほうだと、創業五年で年商十億円を達成した経営者が教えてくれました。人脈と呼べる一人に出会うためには、一〇〇人に会ってみる覚悟とフットワークが必要だということですね。

ところで、人と会ったら、名刺交換だけで終わらせてはいけません。私自身はどなたかと名刺交換をしたら、原則としてその日のうちにメールを出すようにしています。この話を経営者の方にすると、たいていうなずいてこういいます。「名刺交換だけで満足している人、多いんだよね。こっちから出さなければ、出してこないよね」と。

つまり、これを実践している人は意外と少ないというわけです。統計を取ったわけではありませんが、経験上、半分以上の人が名刺交換だけで終わっているのではないでしょうか。逆にいえば、メールを書いておくだけで、相手に覚えてもらえる効果は絶大だということです。

それに、メールの交換をすると、少なくとも、お互いのビジネスについて紹介しあうこともできますし、無意味なダイレクトメールを送るより、リーズナブルで効果的なことは想像に難くないでしょう。

■アイデアや希望はとにかく人に話してみる

継続的にビジネスをしている経営者は、周囲にビジネスのことをよく話します。商品を「売る」という営業ではありません。例えば「お年寄りをハッピーにしたい」「女性をキレイにしたい」などといった抽象的なビジョンや、「スポーツビジネスに関する企業と取引してみたい」「本を書きたい」といったもう少し具体的なビジネスの内容についての希望を語るのです。もしくは「今、自分はこんなことをしている」という自己紹介などをする場合もあります。

すると、その内容に興味を持ってくれた人は、「どうやってお年寄りをハッピーにするのですか?」といった具合に、話に乗ってくれます。周囲の人からもいろいろアイデアが出てきたり、自分の経営を見直す情報を入手することができたりします。

もちろん、相手の話も聞くことができますから、その中で、いろいろなアイデアを膨らませたり、ヒントをもらったりすることもあります。

さらに、あなたのビジネスに興味をもってくれそうな人を紹介してもらえたり、お客さんを紹介してもらうことにつながったりするのです。

人脈というのは、有名な人とのつながりではありません。お互いの役に立てることが人脈であり、それは意外と身近なところにあるものです。

つい先日の話です。友人同士の集まりの中で、とある友人が「実は○○というサッカーチームに関連する仕事をしてみたいんだよね」とポロっと漏らしたところ、近くにいた他の友人が「私、そのチームに関わってますよ」と言うではありませんか。その人がサッカーチームに関わっていることなど誰も知りませんでしたから、本当に驚きましたが、あっという間につながりができあがりました。本当に、どこにどんな人脈があるのか話をしてみないとわからないものだ、と実感させられました。

ちなみに、私が新しいビジネスを始めるきっかけは、ほとんどこのパターンです。親しい二、三名の友人に「本を書きたいな」と話をしたところ、とある人から「じゃあ、書いてみたら?」と出版社を紹介され、あれよあれよという間に一冊目の本が出ることになりました。同様に「講演をしてみたい」と数名に話をしたところ、その数名とはまったく無関係の、ウェブサイトから講演依頼をいただきました。口に出したこととは無関係のように思われるかもしれませんが、「言霊」と言われているようにその威力は本当にあなどれないのです。

実際、これらの経験を経営者の方にお話すると、多くの方が「そうそう、周囲に語ってみるものだよね！」と共感してくれます。あなたのビジネスを周囲に語ることで、自然と広告になったり、どれくらいの人が興味を持ってくれるのかマーケティングリサーチにもなったりします。さらに、情報やお客さんまでをも連れてきてくれます。

商品やサービスは、それを提供することで社会やお客さんから感謝されることであなたの売上となるのです。そのため、いたずらに押し付けるのではなく、あなたのビジネスがどれだけ素晴らしく、意味のあるものか、何を提供しようとしているのか、まずは身近な人に知ってもらうことが大切なのです。

（3）きちんと利益を出しましょう

■弱い立場だからこそ

創業したてのころは、仕事欲しさに、相手にとって有利な条件で仕事を引き受けてしまうことがあります。

しかし、取引先に対する不利な力関係が一度成立してしまうとくつがえすのは大変です。また、無理な条件で仕事を受けることが、仕事を受けないことよりも悪い結果を招くこともあります。きちんと儲けが出なければ、つぶれてしまいますからね。

相手が大きな企業でも堂々と取引条件について交渉しましょう。「この条件を受け入れなかったら仕事がなくなるかも」という恐怖に負けてはいけません。

不利な条件で取引をするときには、「今回は特別にこの条件でやりますが、次回からはもう少し相談させてくれ」と付け加えてから仕事を受けるなど、工夫するとよいでしょう。

なお、相手が大企業だった場合には、逆に遠慮なく、こちらの条件をぶつけてみてください。ベンチャー企業の一〇〇万円と大企業の一〇〇万円では、企業経営に対するインパクトが違いますから、案外すんなりと、こちらの条件が通ったりすることもありますよ。

■利益が出る値段を冷静に見極める

取引条件などについてこちらの意見を主張するためには、商品やサービスの値段をあらかじめ定めておくことが大切です。いったいいくらで売れば儲けが出るのかを冷静に見極めましょう。

商品やサービス、ときには自分自身に値段をつけることもありますが、これは経営者の重要な仕事。一般的には

① 商品やサービスの原価に利益を上乗せして販売価格を設定する

② 市場での価格をリサーチして販売価格を設定する

といった方法が考えられますが、いずれかの方法で価格を設定するというよりも、①、②のいずれの条件も満たした値段を設定する必要があります。市場で売れる価格でかつ利益の出る価格を実現できなければ、あなたのビジネスはこの世の中で成り立たないビジネスだということです。

さらに具体的な価格の算出手法はいくつかありますが、経営データや経験に乏しい状態で、難しい計算理論を利用しようとしても無理が生じるかもしれません。

まずは、経営者の給与も含め一年間でどれだけのコストがかかるのかを把握して、とにかくそれを上回るだけの売上があがるような価格を設定する、というところから始めてみることをおすすめします。

■値段交渉のコツ――相手に値段を聞いてみる

ところで、これまでさまざまなベンチャー企業を支援してきましたが、値段交渉に抵抗を感じている経営者の方が多いことには驚かされます。

値段交渉はビジネスのコミュニケーションの一つですから、無理のない範囲で楽しんではいかがでしょうか。無理な範囲というのは、「相手企業をつぶしてしまうような金額の提示」「敵対関係に陥るような金額の提示」のことで、この感覚をつかむことはとても大切なことです。

ちなみに、値段交渉の一番簡単な方法は「相手に値段を聞いてみること」です。たとえば、みなさんの会社の商品をいくらなら買ってくれるのか相手に聞いてみる。そして、「三万円なら買います」と言われたら、それに対して、「四万円なら売るよ」と答える。するとお互いに譲歩して「じゃあ、三万五千円でどうでしょう？」という値段に落ち着いたりすることもあります。

お金が残る小さな工夫

木村三恵
税理士

起業をしてみて実際に一番驚くことは、「なんでこんなにお金がなくなるのだろう」ということ。わたしが税理士として、一番受けるのもこの質問です。実は、この答えを熟知しているにもかかわらず、わたし自身が開業後ショックを受けたのが、やはり「なんでこんなにお金が手元に残らないのか」ということでした。

これから起業をされる皆さんが、できれば、そんなことにならないように、小さな工夫をお話ししたいと思います。

(1) 売上代金は早く払ってもらおう!

まず第一の工夫は、売上代金の回収はとにかく早くするということです。

この話をすると、ほとんどの人はピンと来ない顔をなさるのですね。

あなたもそう思われますか?

「それはそうかもしれないけど、そんなの一ヶ月くらいの差じゃないですか」と。しかし、売掛金の支払いサイトを変更したことで、順調な会社が倒産の危機におちいることもあるのです。

あるインターネット販売を行っている会社がありました。

当時、月の売上が三〇〇万円くらいだったでしょうか。ネット販売なので、まずお客様からの入金の確認をして、海外から商品を仕入れ、販売していました。入金をしてから、商品をお客様に渡すまで、大体一ヶ月くらいの期間があったんです。

あるとき、大口のお客様から継続的に今の月商と同じくらいのボリュームの仕事がはいりました。特に値引きも希望されず、安定的に三〇〇万円の月商です。

とても嬉しいですよね。そこで、煩雑で細かいネット販売の取引をやめることに。

しかし、そこには落とし穴がありました。そうです。支払いサイトです。

そちらの大口のお客様は、月末締め翌月末払いを希望されたのですね。

そうすると、二ヶ月分の入金がおくれることになります。つまり、今までより六〇〇万円も余分に資金が必要になるということなのです。

支払いサイトは、一度決まってしまうと、短くするのは、至難の業。

そのため、最初に契約するときに、うまく交渉する習慣をつけることが大切です。

売り手が諸条件で不利なのは当然ですが、買い手も値段交渉はともかく、支払いサイトまでは案外気が回らないもの。

「うちのルールは「前払い」です」と言い切ってしまえば、それが通ることも結構あるはずなので、遠慮せずに、申し出てみてはいかがでしょうか?

(2) 支払いはなるべく遅めに

入金は早く、支払いは遅く。何たる自分勝手でしょう。

もちろん、お互いに決めた支払日に支払わないというのは問題がありますが、こちらからの申し出は、なるべく遅い日付にしましょう。例えば、翌月末払いではなく、翌々月十日払いというサイトにしている会社もあります。たった十日のことですが、末日に入金があったことを確認してから支払えるというのは、実質一ヶ月分のサイト延長に近い効果があります。

ここで注意しておきたいことがひとつ。

支払先が大企業の場合は、あまり問題はありませんが、支払先が小さな会社や個人だった場合、相手は仕事欲しさにあなたの支払いサイトを受け入れるかもしれませんが、その結果として相手が行き詰まることにならないように十分コミュニケーションをとることが必要になるでしょう。お金も重要ですが、良い仕事の質を保つことも重要なこと。

バランスのとれた視点をかかさないように気をつけるといいですね。

（3）資金繰り表をつくりましょう

大きな声では言えませんが、実はわたしも、開業したての頃は、資金繰り表をつくっていませんでした。しかし、とうとう、資金繰り表をつくらなくてはならなくなってしまいました。それは、なぜかといいますと、従業員を雇ったからです。

それまでは、ちょっとお金がなくなったら、自分の給与をとらないで、売上が多く入金されてきたときにまとめて引き出すようなやり方で、十分間に合っていたのですが、従業員に給与を払うようになって、気がつきました。

「あ、それだけでは全然足りない」って。

税理士は普通確定申告が稼ぎ時ですので、それが終わった四月くらいには一時的に現金がたくさんあるわけです。しかし調子に乗ってそれを引き出してしまうと、残りの九ヶ月、お金がなくて汲々とするはめに陥るのです。

資金繰り表をつくっておけば、しみじみと、「あぁ、今あるこのお金は、かりそめのものなのだな」と理解して、必要ではないものにお金をつぎ込まなくてすむものです。

もしかすると今、この本を読まれているあなたも、「まぁ、それは先の話でいいや」と思われるかもしれませんね。

しかし、資金繰り表、特に日繰り表は、入出金のボリュームが大きくなってからつくるより、小さい規模のうちにつくっておいたほうが簡単です。次の一つにでも当てはまる場合は、是非、つくってみてください。

① 個人のお金を会社に貸し付けることが多い。
② 銀行等から借入をしている。
③ 売上の三〇％以上を従業員の給与が占める。
④ 売上の回収や仕入れの支払が手形である。
⑤ 在庫の多い業種（小売業や建設業など）である。
⑥ 現預金が月商一ヶ月分に満たない。
⑦ 売上の季節変動が大きい。

それでは、資金繰り表をどうやってつくったらいいかをご説明したいと思います。わたしが、実務上おすすめするのは、次の通りです。

■日繰り表（預金別と預貯金合計）

日繰り表は、将来の入出金の予定をたてて記入していくものです。

【日繰り表サンプル】

日付	摘要	入金予定	出金予定	残高
現在残高				2,501,000
3月5日	リース料		11,500	2,489,500
3月10日	借入金返済		35,600	2,453,900
3月11日	新聞		3,000	2,450,900
3月15日	諸会費		80,000	2,370,900
3月25日	給与		1,856,000	514,900
3月31日	家賃		230,000	284,900
3月31日	外注費		350,000	−65,100
3月31日	売掛金入金	2,803,000		2,737,900

売掛金の入金が遅れたら資金ショート！

いつ資金がショートするかが一目瞭然ですので、資金繰りの厳しい会社におすすめです。

また、現在資金繰りに余裕があっても、この表は、小さい規模の会社のうちにつくっておくのは楽ですから、起業したてのうちにつくっておくのがいいでしょう。

■月次見積資金繰り表

毎月の仕入れ以外の支払いが、どこに、何日に、いくら位支払われるのかを把握することからはじめます。この作業そのものが、会社のお金の流れを理解するのにとても役に立ちます。

わたしは、弥生会計プロフェッショナルという会計ソフトを使っていまして、このソフトでは、このような資金繰表が少しの手間でできます。三〇日の無料体験ができますので、是非一度試してみてください。

【月次資金繰り表】

		4月		5月		6月	
		計画	実績	計画	実績	計画	実績
(1) 前月繰越高		2,000	2,000	429		1,269	
収入							
	現金売上	1,500	1,230	1,500		1,500	
	売掛金回収	8,800	6,755	9,000		8,000	
	受取手形回収	200	320	500		0	
	借入金	500	0	0		0	
(2) 収入合計		11,000	8,305	11,000		9,500	
支出							
	現金仕入	700	910	0		0	
	買掛金支払	3,000	2,904	4,500		5,000	
	支払手形決済	0	0				
	人件費	2,000	1,925	2,000		3,000	
	賃料	360	360	360		360	
	借入金返済	400	400	400		400	
	その他の支出	3,750	3,377	2,900		2,500	
(3) 支出合計		10,210	9,876	10,160		11,260	
翌月繰越高 [(1)+(2)−(3)]		2,790	429	1,269		−491	

資金ショート！借入をするか、経費を抑えるなどの手立てが必要！

上の表の「支出」の内容について詳細な内訳を記載した下記のような表をつくっておくと便利

		4月		5月		6月	
		計画	実績	計画	実績	計画	実績
買掛金	○○商事	2,000	1,904	2,500		3,000	
	××事務所	1,000	1,000	2,000		2,000	
人件費	役員	1,000	1,000	1,000		1,500	
	社員1	200	200	200		300	
	社員2	200	200	200		300	
	アルバイト	200	125	200		300	
	法定福利費	400	400	400		600	
賃料	事務所家賃	360	360	360		360	
借入返済	××銀行 1000万　25日	150	150	150		150	
	××銀行 2000万　4日	250	250	250		250	
その他の支出	リース料	2,000	1,627	2,000		2,000	
	保険料	500	500	500		500	
	会費	1,250	1,250	400		0	

借入するかしないか、それが問題だ

木村三恵
税理士

(1)　お金は、あるときに借りておく

起業をするときに、自己資金が一、〇〇〇万円あったら、お金を借りようとは思いませんよね。お金は、足りないときに借り、あるときに返す。そう思われている方が、多いように思います。もちろん、それも間違いではありませんが、「お金は、あるときに借りておく」というのも一つの考え方です。なぜかといいますと、銀行は、お金がない人にはお金を貸さないものだからです。

こう書くと、「銀行ってひどいところ」と思われてしまいそうですね。

しかし、視点を変えてみてください。

銀行は、お金を貸してもらいにいくところであると同時に、皆さんのお金を預けているところでもあるのです。

自分たちのお金を、気楽にいろんな人に貸されちゃってもこまりますよね。

銀行は、皆さんからお金を預って、それを大切に運用するという役割も持っていますので、預っ

たお金をリスクにさらさないというのも大切なことなのです。

ですから、借りる立場の時には、「ちゃんと利息をつけて返済できますよ」ということを、客観的に証明できなくてはならないのです。

しかし、この客観的に証明というのが曲者なのですね。

なぜかというと、『お金を借りたいとき＝業績がかんばしくない、手持ち資金が底をついているとき』ですよね？　そして、『ここを通り抜けると大きな売上が見えているとき』だったりします。

「あと一〇〇万円あれば、この広告がうてる」とか、

「あと二〇〇万円あれば、専用の営業マンをいれられる」とか。

そしてそれができれば、大きなリターンが得られるときだったりするのです。しかし残念なことに、それがわかっているのは、あなただけかもしれません。

あなたにはどんなに確信があっても、どんなに言葉をつくしても、それが、他の人を納得させられるものだとは限りません。

だからこそ、自分のお金はなるべく使わず、借入がしやすいときに借入をしておいて、本当に自分のお金を会社に貸さざるを得ないときまでとっておくといいと思います。

■借入をバックアップしてくれる公共の制度

ありがたいことに、起業したての企業には、国や地方自治体が借入をバックアップしてくれる仕

組みがあります。

まず、その代表的なものに、株式会社日本政策金融公庫があります。

インターネットなどでは色々な情報があるのでどこで借りたらいいのかわからないという人も多いと思いますが、まず、金利が低いですし、保証人が要らない制度があったり、借入の敷居が低いという点で、日本政策金融公庫はおすすめです。

例えば、創業時の資金、女性やシニアに対する資金、事業に一度失敗された方が再チャレンジするための資金などを貸してくれます。

個人事業として創業する人も会社を作って創業する人のどちらでも借入をすることができますが、会社を作って創業する場合には、設立の登記が終わってから窓口に行くといいでしょう。

■借入時に気をつけたいポイント

申し込み方法などは、日本政策金融公庫のホームページを見ていただくとして、いままでの経験から、気をつけたいポイントをお話したいと思います。

第一に、一〇〇%全員が融資を受けられるわけではありません。

正直なところ、意外な人が融資を断られたり、また、その逆があります。

第二に新奇性の高いビジネスを立ち上げようとする人は注意が必要です。

今までになかった新しいビジネスを起こそうという人は、面接で十分に事業を理解してもらえるように気をつけましょう。可能性の宝庫のようなビジネスであっても、融資の担当者が、それを理解できなければ、融資を受けることはできないのです。

小学生に説明するくらいの気持ちで挑んでください。これは融資の担当者の方を馬鹿にしているのではなくって、第三者にあなたのビジネスを理解してもらうということは、それくらい難しいことなのだと思っておく必要があるのです。

第三に事務所の間借りや自宅を本店にしているときには注意が必要です。

日本政策金融公庫の融資を申し込むと、融資の担当の方が、会社を訪問されることがよくあります。起業したての場合にお友達などの事務所の間借りをされることもあると思いますが、その場合は、あらかじめ借りているオフィスの社員の方にも一言お話をされておくといいですよ。「本当に実態はあるのかな?」というのを見にくるので、突然の訪問も多いですから、そんなときに「○○株式会社? そんなの知りません」って答えられては困りますよね。

また、デザインやウェブのお仕事の人に多いのですが、一人暮らしの女性が自宅を本店にするケース。「担当の人と二人っきりになって、部屋の中をじろじろ見られるのは嫌だった」という人も少なくありません。女性の方は、このあたりも登記するときに気をつけるといいでしょう。

第四に、事業計画は、返済資金に注意。

創業時に資金の借入をする場合には、創業計画を作って提出する必要があります。

このときに気をつけるのは、「借入金が返済できる計画書になっているか」ということ。

当たり前のことのようなのに、なぜか計画書を書くときにはそれを忘れてしまうことがあります。

金融機関に提出する事業計画の目的はただひとつ。

あなたが利息と元金をきちんと返済できることを示すこと。

提出する前に、その視点から計画をチェックしてくださいね。

■その他の融資

日本政策金融公庫のほかにも地方自治体、つまり都や県そして市区町村による融資の支援もあります。制度の内容は違えど、多くの自治体が創業資金融資の支援をしています。

自治体の場合は、自治体がお金を貸すのではなく、融資のあっせんをしているのが特徴で、実際にお金を借りるのは、民間の金融機関からです。自治体が、お金を貸す金融機関とその保証をしてくれる保証協会を紹介してくれて、我々が支払う利息や保証料の一部を肩代わりしてくれるのです。

例えば、私の事務所がある東京都千代田区の場合、東京都の創業支援と千代田区の創業支援を受けられることになります。

それぞれ諸条件が全く違いますので、ホームページ等で確認して、一番有利なものを検討してくださいね。

金銭トラブルを防止したい！

平林亮子
公認会計士

（1）出資の甘いワナ

金融機関がお金を貸してくれないような状況であっても、あなたのビジネスに目をつけて「お金を出してあげますよ」と声をかけてくる人がいます。ベンチャーキャピタルといったベンチャービジネスに出資する人や、あなたのビジネスの内容を評価して会社を買収してくるような人たちです。

ベンチャーキャピタルなどは将来の上場を見込んでかなり早い時期から連絡をしてきますが、中には会社の乗っ取りを目的とするようなケースや、高額なコンサルティング料をとって最終的には会社を見捨てるようなケースもありますので注意が必要です。

株主としてお金を出してもらう場合など、返済を要しない資金を出してもらうことを出資といいますが、そもそも他人から出資を受けることはおすすめできません。返済を要しないため、経営者にとっては非常にありがたいお金なのですが、株主となったらさまざまな権利を有し（47ページ参照）、経営者を辞めさせることさえできるからです。

出資などを含めた資金調達に関する長期的な戦略を「資本政策」といいますが、明確な資本政策に基づいている場合を除き、安易な出資に飛びつく事はやめたほうがよいでしょう。

(2) 親戚からのお金に注意

■出資してもらうのはできるだけ避けましょう

ベンチャーキャピタルに限りません。金銭トラブルがよく生じるケースとして、家族や親戚など、いわゆる身内とのお金のやりとりも挙げられます。

身内であっても、出資は避けるほうが無難です。なぜなら、一般的に「出資」の意味を正確に理解してもらうのは困難だからです。特に、「融資」と何が違うのか、身内ゆえにその説明も曖昧になりがちです。

出資であるにもかかわらず、あなたのビジネスが儲かっているようであれば「苦しい時にお金を出してあげた恩を忘れたの？　多めに返して」という要望が出てきたり、あなたのビジネスが儲かっていないようであれば「やっぱり返して」という要望が出てきたりします。

また、株主総会でも、そういった株主を無視できない可能性が出てくるなど、決議に支障をきたす場合もあります。他にも、株主が多いと上場が難しくなるといった可能性もあります。

ベンチャーキャピタルなどの外部からの出資であっても、親戚などの身内からの出資であっても、できるだけ慎重に判断する必要があるのです。

なお、株主としての権利が制限されているような「種類株」といった特別な株や、出資であっても株主とならない「匿名組合」といった調達方法もありますから、どうしても出資を受けたいときには検討するとよいでしょう。

■融資は契約書を交わして

身内からお金を出してもらうのであれば、原則として融資を受けることをおすすめします。融資とは、元本の返済と利息の支払いが必要となる資金を出してもらうことで、要は借金のことです。出資と異なり、ビジネスで損をした場合でも、返済や利息の支払いをする必要があります。そのため、資金繰りを苦しめる可能性もあります。

一方で、どんなに儲かっても、契約で決められた利息を支払えばそれで済むことになりますから、会社にとって使い勝手のよい資金であるともいえます。

ここで重要なのは、融資を受けた場合には、必ず、「金銭消費貸借契約書」を残しておくことです。金融機関からお金を借りた場合には、当然、こういった契約書を残すことになりますが、個人からお金を借りた場合、正式な書面を残さないことも多々あるようです。

契約書を残しておけば、出資ではなく融資であることも明確になりますし、税金を考える上でも贈与と誤解されることもなくなります。利率や借入期間といった条件は少し融通してもらうようにしても、その内容はきちんと書面に残しておきましょう。

なお、近年、中小企業における社債の活用も増えてきているようです。社債は、まとまった金額について、多数の人から少しずつ借りる仕組み。通常は、一定期間元本据え置きで、三～五年の安定した資金を調達するのに利用できます。「少人数私募債」であれば金融機関の協力なしに社債を発行できますし、検討の余地はあるでしょう。

(3) 経営者からの借入もできる！

経営者や株主が、会社にお金を貸すこともできます。会社が経営者からお金を借りることを「事業主借」といい、中小企業では珍しいことではありません。

また、出資は返済できないのが原則ですが、融資は返済しますから、会社のお金がないときには事業主借として融資し、会社に返済資金ができたところで返済することができます。

極端な話、会社設立に必要な資金も、全額出資による必要はなく、例えば会社設立のための自己資金が三〇〇万円あったとしたら、一〇〇万円を資本金とし二〇〇万円を融資することも可能です。

なお、事業主借の場合も会社と経営者の間で契約書を交わしましょう。会社とあなたは名義もお財布も別の存在ですからね。

（4） 取引先とのお金のトラブル

■代金は必ず入金されるように！

金銭トラブルは、取引先との間でも生じます。もしも、取引先から代金が振り込まれなかったらどうしたらよいでしょうか。

まずは、そもそもできるだけ早い時期に代金を受取るような取引をしましょう（212ページ参照）。前金を受取るのが理想です。そして、代金が振り込まれないことのないように、請求や入金条件などを事前に明確にし、取引基本契約として書面にしておくとよいでしょう。

また、入金予定をきちんと管理し、期日までに請求書によって請求します。請求書がなければ相手も支払手続ができないのです。期日までに入金されない場合、電話での問い合わせからはじめ、最終的には督促状といった対処も必要になるでしょう。そういった対策をルールとして定め、催促から督促までの記録を残しておくようにしてください。

もちろん、それでも代金を回収できない可能性は残りますから、事前に相手の状況を確かめておくことも大切です。それを「与信管理」といいますが、取引先の業績について決算書などを入手してチェックすることも時には必要でしょう。

■代金の支払時期

逆に、お金を払って仕事をお願いしたら、仕事が終わらないうちに相手業者が倒産してしまうことなどもあります。例えば、システムの制作をお願いして代金を支払ったけれど、システムが出来上がる前に業者が倒産してしまうといったことがあり得ます。したがって、こちらが支払う場合にはできるだけ遅い時期に支払をするのが理想です（214ページ参照）。

■「回収は早く、支払は遅く」がうまくいかなかったら

そうはいっても、代金回収は早く、支払は遅く、という自分勝手がビジネスの世界で通るとは限りません。そこで、前金と最終代金を分けて支払う契約にしたり、取引が長期にわたる場合には、途中経過の報告をしてもらうなど、明確に定めておくとよいでしょう。

また、金額が決まらないまま、取引が始まってしまうケースも多々あります。このような場合には、最低額と最高額だけ明確にして、その範囲で最終金額を決めるといった工夫もできます。

（5）従業員からも領収証をもらいましょう

金銭トラブルは従業員とも生じる可能性があります。

給与の支払をはじめ、従業員とのお金のやりとりは、特に気をつける必要があります。「お金をもらった」「お金をもらってない」という争いを解決するために無駄な時間と労力を使ってしまっては、肝心のビジネスに支障をきたします。

給与については、支払とあわせて給与台帳を作成し、従業員には給与明細をきちんと渡しましょう。もしも現金で手渡しする場合には、給与明細を渡すと同時に、従業員から領収証を受け取ってください。一時的に従業員にお金を貸し付ける場合には、契約書をきちんと交わすと同時に、返済方法などを明確にしましょう。

従業員だからこそ、お金のやりとりの記録を、誰でもわかるような形で残すことが大切です。

(6) できるだけ通帳に記録を残す

金銭トラブルを防ぐためには

① 契約書等の文書をきちんと残す

② できるだけ銀行振り込みなどを利用して通帳に記録を残す

ことがポイントです。そして、入出金の理由を通帳にメモしておくとよいでしょう。

横領等の危険性も高いので、会社の中で多額の現金を扱うのは得策ではありません。インターネットバンキングも発達している昨今、銀行を上手に利用することをおすすめします。

経営計画を作ってみよう

木村三恵
税理士

(1) ぶれない経営

会社ができたら、是非、経営計画を作ってみましょう。

経営計画と聞いて、「めんどうくさい」って拒絶反応が出た方は、自分に正直になって、今は計画を立てるのはやめましょう。でも、せめて「自分は何のために起業するのかな」もしくは、「自分は何がしたいのか」の答えを書き残しておくといいと思います。

なぜそんなことをすすめるのかといいますと、判断が「ぶれない」ようにするためです。

例えば、自分は三年後店舗をもちたいという目標があるとします。三年後でも自己資金だけでは無理そうだ、銀行から融資をしてもらう必要があるなということが想像できるとします。

銀行は基本的に赤字の法人には融資をしませんから、黒字を、それもできるだけたくさん出した方が、借入できる可能性が高くなります。

それがわかっていれば、目の前に一〇〇万円の法人税の納付書を差し出されても、これは、将来のためなんだからと納得して支払うことができるはずです。

反対に、目標が「なるべく自分にお金を残すこと」なのであれば、節税の方策を考えて税金を減らすことを優先順位の上位にもってくることもできます。

でも、もし、目標をはっきりともっていなかったら、税金は少ない方がいいと節税してしまい、会社を赤字にしてしまって、資金調達がしにくくなり、設備投資をするべきときにできなくなってしまうという結果になり得るのです。

(2) 不幸せな経営者になってしまう理由

例えばこんなこともあります。

自分は、自分の手で何かを作り出すのが大好きという理由で、デザイナーとして独立したとします。でも、周りの経営者友達に、「お前、それじゃ経営じゃないから、人を雇って任せなきゃダメだよ」なんていわれてしまうかもしれません。

マネジメントは苦手なのに、「経営者とはかくあるべき」という周りの意見にふりまわされて、人を雇って、資金繰りに苦労して、一番好きだったデザインという仕事もできず……。

それでは、独立した意味がありませんよね。

(3) ビジョン、ミッションの重要性

そもそも何のために起業したんだっけ？　そもそも自分は何がしたいんだっけ？　という問いの答えは、一般にビジョンとかミッションと呼ばれるものです。

ビジョンやミッションというと、素晴らしい大企業がつくるものというイメージもあるかと思いますが、たとえ個人事業主であっても、一万人規模の企業であっても、同じく重要なものです。

あまり構えずに、自分に正直に直感的に答えていきましょう。

白紙のA4の紙を用意して、目をつぶって、一度深呼吸。

そして自分に聞いてみてください。

「そもそも何のために起業したんだっけ？」と。

もしかすると、「前の会社が嫌だったから、再就職先が見つからなかったから」というと一ってもネガティブな答えがでてくるかもしれませんね。もし、そういう答えでも、それを否定しないでいいんですよ。

よいことを、格好のいいことを書こうとすると、うそになってしまいますからね。

「前の会社の何が嫌だったんだっけ？」という質問をしてみてください。

「無意味などぶ板営業」とか「採算度外視で売上重視の体制」のような答えかもしれません。

「無駄な会議に出席させられる」とか「時間を人に管理されること」という答えかもしれません。「法律に違反することを平気でやる」とか「公私混同な金遣い」という答えかもしれません。

これらは一見してネガティブな答えであるように思えます。

しかし、これらは自分にとっての理想の何かと反しているから、ネガティブなものと自分が評価しているにすぎません。そして、強くネガティブな意識をもつことは、裏返せば、それは、自分にとってとても重要な価値感であったり、考え方だったりするのです。

もちろんその答えがばっちり自分のビジョンになることもあるかもしれません。

例えば、私が開業する前に書いた「そもそもなんのために起業するんだっけ？」は、「自分は自分の専門分野に特化する。でもお客さんにとっては、私が窓口のワンストップサービスを提供できるように、専門家のネットワークを広げたい。」

これは、勤務先の税理士事務所ではかなえられないものだったんですね。

起業して二年で、ソフィアネットという士業のプロジェクトに協力することができ、士業仲間とのコネクションができました。また、コーチやIT、セキュリティの専門家とのネットワークもできました。自分から積極的な行動を起こしたわけではないのに、素敵な仲間にめぐり合えたのも、「何のため」を明確にして紙に書いたおかげのような気がします。

（4）ビジョンは定期的に見直しましょう

ビジョンやミッションは、変わるものですので、定期的に見直すといいと思います。

一人でビジネスを始めたときと五人の仲間ができたときでは、当然、ビジョンもミッションも変わるでしょう。また、自分自身のミッションと五人でやっている事業のミッションは必ずしも一致しないということもでてくるでしょう。

そういう場合は、自分自身のミッション、事業のミッションを分けて、両方考えておくというのもいいかもしれません。

（5）経営計画をつくって、行き詰まったところが助けてもらうところ

ビジョン、ミッションができたら、具体的な経営計画にはいっていきます。

計画っていうと正しいやり方が確立されている感じがしますが、決してそんなことはないんです。

ただ、基本的に次に書くような三つの段階を踏んだ方がいいんじゃないかと思います。

一つ目は、大きな絵を描く段階。

二つ目は、それを具体的な行動の計画におとす段階。

三つ目はそれをお金に換算する段階。

大抵の人は、どれかが得意でどれかが苦手です。例えば私は、実は夢を抱くのが苦手。でも、夢がなく、行動やお金の問題を考えると、お客さんがお金に見えてくるんですよ（笑）。そうすると、気がつくと、奪うことばかり考えてしまうようになるんですね。

夢や行動はばっちりだけど、お金の換算が苦手なかたも多いですよね。生活に十分なだけ稼がないと、生活が成り立たないですし、大切な人を守れないこともあります。大切な人というのは、ご家族かもしれませんし、一緒に働いてくれている仲間かもしれません。

行動が苦手という人もいますよね。起業する人には少ないですが、ときどきいらっしゃいます。「で、それいつやるんですか？」って聞きたくなる人が。

どんな素敵なことを考えていても行動にうつさないと実現しないのですからもったいない。

また、起業する人に多いのは、行動することは得意なのですが、それに一貫性がなかったり持続するのが苦手で、結果がともなわないことなど。

経営計画がスムーズにつくれれば最高ですが、行き詰まることがあったら、それがきっとあなたの苦手なことだと思います。苦手なことは頑張って克服するという考え方もありますが、苦手なことは得意な人に助けてもらうというのもひとつの考え方だと思うのですね。

どんな人に助けてもらえばいいのかというヒントを挙げてみます。

例えば、夢やビジョン、ミッションが思い浮かばない人。私は、夢を思い浮かべるのが苦手なので、そんなときは、コーチングをしてもらうことにしています。

自分で自分をコーチングすることもできるんですが、人に引き出してもらうほうが効果的です。コーチでなくても人の話に耳を傾けるのが上手な人が身近にいれば、お願いしてみましょう。

行動が苦手な方は、だれかに代わりに行動してもらおうと思ってください。

人を雇ってもいいし、外注にだしてもいい。特に、会社が小さく収益が不安定なうちは、同じ志を持っている人であなたの苦手分野が得意な方とパートナーシップを作れると一番です。

ただ一点、注意したいのが、人ってわりと自分と同種を選ぶ傾向にあるんですね。人を雇ったのはいいけれど、社長とおんなじ性格で苦手分野も同じだったりするケースが結構多いです。そうすると、嫌な仕事を部下に押し付けるだけになってしまいます。アクセルしかない会社、ブレーキしかない会社にならないように、同じ志を持ち、かつ、タイプが違う人を選ぶのがいいですよ。

お金のことが苦手な方は、我々税理士をご活用ください。特に、利益計画、資金計画は、税理士に手伝ってもらうのがいいでしょう。数字が細かくなればなるほど、税理士はワクワクしてきます。ただ、細かすぎて、うんざりしないように、うまく税理士をコントロールしてくださいね。

経営計画をつくるための心構えのようなものをお話してきましたが、初めて経営計画を作るときには、ある程度のフォーマットに従ったほうがスムーズだと思います。『もっと儲かる経営計画の作り方』（広瀬元義著　あさ出版）が役に立ちますから、是非、参考にしてみてくださいね。

意外な敵は身内にあり？
〜あとがきに代えて〜

平林亮子
公認会計士

（1） 独立は向かい風の中にある!?

私が大手監査法人から独立したのは二五歳の春でした。

何の後ろ盾もない、特にクライアントもいない（最低限の仕事は確保しておりましたが）、特別な資金もない、大した社会経験のないままのスタートです。本人以外、誰がそんなことを可能だと思ったでしょう？　いえ、本人にも明確な成功イメージがあったわけではありませんでした。

案の定、周囲からの大反対にあいました。詳細なセリフまでは覚えていませんが、

「ひとりで何ができる。人生なめるのもいい加減にしなさい」と激怒したのは父。

「通勤電車に乗らなくてよくて、出張のない仕事なんてあるわけないでしょう?」とあきれかえったのは勤務先の上司。

そんな言葉にまったく聞く耳を持たずに独立してしまった私も私ですが……。

最近では独立・起業に対する世間の理解も得やすくなってきたように思いますが、それでも、身近な人から猛烈な反対にあう可能性はあるでしょう。

(2) どうやって説得するのか

それでは、そんなときどうやって周囲を説得すればいいのか、といえば、事前にきちんと納得してもらうのは難しいと思います。

たとえば、どんなに立派な経営計画を並べてみたところで、そもそも反対している人たちにとっては、まったく受け入れてはもらえません。

しかし一方で、その人たちとの交渉一つまとめられなければ、その後のビジネスを成功に導くことも難しいでしょう。そこで重要になるのが、以下の三点です。

■反対されても絶対にやめないという覚悟を見せる

反対されて、心が揺らぐぐらいなら、起業などやめましょう。どんな反対にも、絶対に揺らがないという覚悟は、相手に通じます。そこで初めて、きちんと話を聞いてもらう余地が生まれてきます。

また、ビジネスにもし失敗したらどうするつもりなのかについて、きちんと話をすると周囲の態度も変わってきます。たとえば期限を決めて、それまでに一定の成果が出なかったら再就職するといった考えを述べるのです。逃げのように聞こえるかもしれませんが、これも大切な覚悟です。

■周囲の人の力を借りる

私の知り合いが独立する際も、やはり家族の反対にあったそうです。しかし、最終的には納得してもらえました。その決め手が、周囲の人の応援でした。とある人が、家族に対して、独立したって大丈夫だと話してくれたそうです。

もちろん、他人から大丈夫だといってもらえたところで、ビジネスがうまくいくとは限りません。しかし、そうやって周囲に応援してくれる人がいることが伝わりますし、他人の言葉は時として説得力を持つものです。

私の独立の際も、そうやって応援してくれる人がいました。それが、家族への説得にもつながりましたし、また、自分の自信にもなったことを今でも覚えています。

■成果を見せる

最終的には成果を見せるしかないでしょう。成果と言ってもいろいろあるとは思いますが、金銭面、そしてビジネスの安定性や社会的意義などが伝わればなお良いでしょう。

一年二年と日々を積み重ねると、反対していた人々の態度も徐々に変わってきます。そして徐々に、応援してくれるようになるものです。

（3）世の中は可能性に満ちている

私たちは、起業支援のプロ、経営支援のプロではありますが、いたずらに独立や起業をすすめるつもりはありません。何が良い人生なのかは、それぞれの人によって異なるはずですから。

しかし一方で、サラリーマン人生では出会えなかったと思われるさまざまな人と出会い、出来事にぶつかり、他者や他社と助け合い協力し合う楽しさは、起業してみないとなかなか味わうことのできないものであることも事実です。もし、あなたが起業、会社設立、という道を思い描いているのであれば、本書がその第一歩となり、少しでもお役に立つことを願っています。

最後になりましたが、本書の企画・編集をしてくださった税務経理協会の吉富智子氏、カバーデザインをしてくださった有限会社タイプフェイスの渡邊民人氏、帯の写真を撮影してくださったアリアフォトグラフィックスタジオのＭａｒｋ氏、そして本書を一緒に執筆してくれた私の大切な仲間に心から

「ありがとうございました!!」

【執筆者紹介】

平林　亮子　Ryoko Hirabayashi
公認会計士、平林公認会計士事務所所長、アールパートナーズ代表
女性士業プロジェクト SophiaNet プロデューサー。
ベンチャー企業のコンサルティング業務のかたわら、書籍の執筆、大学や各種セミナーの講師などを務める。「楽しく幸せに生きる」がモットー。
『1日15分！　会計最速勉強法』（2008年、フォレスト出版）、『会計についてやさしく語ってみました』（2006年、ダイヤモンド社）など。著書は40冊を超える。

木村　三恵　Mitsue Kimura
税理士、タクシア会計事務所所長
「税を学び、税を楽しむ」が事務所の合言葉。
税務代行、アドバイス業務にとどまらず、税を味方につけることができるだけの知識をお客様と共有することを目指して邁進の日々。

藤田　真弓　Mayumi Fujita
司法書士、春風事務所所長
「お話を十分伺うこと」を大切にして、不動産・会社の登記、相続、成年後見、債務整理、身近な暮らしの法律トラブルを解決するお手伝いをしている。
簡易訴訟代理関係業務認定司法書士

石井　清香　Sayaka Ishii
社会保険労務士、MBA取得、産業カウンセラー・キャリアコンサルタント・プライバシーマークコンサルタント（プライバシーマーク認証審査員）
総合労務コンサルタント石井清香事務所所長
第一生命保険相互会社の本社管理部門で約10年勤務後、社会保険労務士法人勤務を経て独立。
起業家支援や会社の労務問題など、めまぐるしく変わる労働関係法規などにも迅速に対応。会社のメンタルヘルス対策や個人情報保護対策のコンサルティングを行っている。
現在大学院博士課程後期（人的資源管理専攻）在籍。
URL　http://www.law-isishii.com/

六波羅　久代　Hisayo Rokuhara
弁護士、元経済産業省特許庁法制専門官
2012年逝去
※第3版への改訂にあたっては、同氏の夫、佐藤 亮弁護士（虎門中央法律事務所）が担当。

著者との契約により検印省略

平成20年12月１日　初版第１刷発行
平成20年12月15日　初版第２刷発行
平成22年12月１日　第２版第１刷発行
平成25年７月１日　第３版第１刷発行

5人の女神があなたを救う！
ゼロから会社をつくる方法
〔第３版〕

著　者　平林亮子
　　　　木村三恵
　　　　藤田真弓
　　　　石井清香
　　　　六波羅久代
発行者　大坪嘉春
製版所　美研プリンティング株式会社
印刷所　税経印刷株式会社
製本所　株式会社三森製本所

発行所　東京都新宿区下落合２丁目５番13号　株式会社 税務経理協会
郵便番号 161-0033　振替 00190-2-187408　電話 (03) 3953-3301（編集部）
FAX (03) 3565-3391　(03) 3953-3325（営業部）
URL http://www.zeikei.co.jp/
乱丁・落丁の場合はお取替えいたします。

ISBN 978-4-419-06017-6　C3034